中华先烈人物故事汇

黄存林

军事科学院解放军党史军史研究中心编写组

学习出版社

中华先烈人物故事汇——《董存瑞》

主　编：陈秋波

副主编：李艳梅　邱　雷

编　委：王　冬　张容华　时文生

王清晨　郭　宏

编　著：曾　皓

目 录

Contents

引 子

"为了新中国，前进！"

那声震天撼地的呐喊，成为催征的号角，加速了国民党反动派的灭亡；天崩地裂的巨响之后，火光中定格着董存瑞永恒的英雄瞬间，铸成了一尊世代敬仰的雕像。

董存瑞，1929 年 10 月生。河北省怀来县南山堡人。1945 年 8 月参加八路军，1947 年 3 月加入中国共产党。生前是中国人民解放军东北野战军第十一纵队三十二师九十六团二营六连班长。1948 年 5 月 25 日，在解放隆化的战斗中，为了扫清部队前进的障碍，他毅然用手托起炸药包炸毁敌人的桥形暗堡而壮烈牺牲。

董存瑞从小就机灵过人，胆子大、有主见，在年龄相仿的孩子中很有威信，村里的穷苦孩子都喜欢围在他身边玩。董存瑞抗日战争时期当过儿童团长，13岁时，曾机智地掩护区委书记躲过侵华日军的追捕，被誉为“抗日小英雄”和南山堡的“王二小”。入伍后，在人民解放军这座大熔炉里，在革命战争的熊熊烈火中，董存瑞迅速成长为一名光荣的先锋战士。他军事技术过硬，作战勇敢，机智灵活，参加战斗百余次，出生入死，为取得一个又一个战斗的胜利作出重要贡献。在不到3年的战斗岁月中，他先后立大功3次、小功4次，获3枚“勇敢奖章”、1枚“毛泽东奖章”，并被提升为班长。18岁那年，他光荣加入中国共产党。在部队开展的大练兵活动中，董存瑞苦练加巧练，取得了突出的成绩。他不仅每次比武都奋勇夺冠，带领全班连续5次夺得练兵流动红旗，而且发明了“院中堡垒”爆破训练法，在大练兵结束前为部队作了示范表演。他们班因此被评为“练兵模范班”。

1948年5月25日，在解放隆化的战斗中，董存瑞主动请战，要求完成最艰巨、最危险的爆破任务，并被大家推选为爆破组组长。战斗打响后，董存瑞冒着敌人的枪林弹雨，冲在最前面，在战友们的掩护下，一鼓作气炸掉了敌人3座炮楼、5座碉堡。隆化中学的外围被打开后，攻击部队随即发起冲锋，这时突然遭到敌一隐蔽桥形暗堡猛烈火力封锁，部队受阻于开阔地带，二班、四班接连两次对暗堡爆破均未成功。董存瑞再次挺身请战：“我是共产党员，请准许我去！”他毅然抱起炸药包，冲向暗堡。桥形暗堡距地面的高度超过身高，两头桥台又无法放置炸药包。危急关头，董存瑞毫不犹豫地用手托起炸药包，拉燃导火索，奋力高喊：“为了新中国，前进！”暗堡被炸毁，董存瑞以自己年仅19岁的生命为部队开辟了胜利前进的道路。

战后，董存瑞所在纵队追授他为“战斗英雄”和“模范共产党员”光荣称号，他生前所在班也被命名为“董存瑞班”。1950年9月，在北京召开的全国战斗英雄、劳动模范代表大会上，董存瑞被追授为“全国战斗英雄”。1957年5月29日，朱德同志亲笔为他题词：“舍身为国，永垂不朽！”

时光荏苒，英雄永不凋零。董存瑞的英雄事迹在全国人民中产生了很大的反响，他那舍身为国的大无畏英雄壮举，激励着一代又一代中国军人。

在解放战争、抗美援朝等战场上，涌现出许许多多董存瑞式的英雄。如解放锦州时，东北野战军第二纵队十连的战斗组长梁士英，用身体堵住了塞进敌地堡的爆破筒，与敌人同归于尽；锦州人民为了纪念他，将锦州西北门命名为“士英门”。抗美援朝战场上的杨根思、黄继光等英模身上，也闪动着当年董存瑞的英勇无畏、献身革命的伟大身影。

01 抗日小英雄

孩子王

在河北省怀来县城东不远，有个不大的村子叫南山堡村。1929 年深秋的一天，拂晓前，村里一间破旧的小茅屋里，一声婴儿的啼哭打破了黎明前的宁静，也给这个贫困的家庭增添了几分喜气。董全忠这位忠厚老实、勤劳善良的庄稼汉家里，终于盼到了能为董家顶门立户、传宗接代、继承香火的儿子。

董家已育有三女，这男孩排行老四，于是便按姑娘们的顺序，给这位新成员起了个乳名“小四头”。小四头生得浓眉大眼，胖乎乎的，十分惹人喜爱。村里人这个抱抱，那个亲亲，长一辈的人都亲昵地叫他“小四蛋子”。按照董氏宗谱顺序，“全”字辈下是“存”字辈，因此给“小四头”起的大名叫存瑞。

在饥寒交迫的年代，董存瑞一家和南山堡的所有穷苦老百姓一样，没有自己的地，种地要给村里的地主刘大肚子交租。刘大肚子出租放债，敲诈勒索，变着法子剥削穷人。村里人耗干血汗种一年地，碰上收成好的年月，给刘大肚子交完租，剩下的粮食也只能勉强供一家人的口粮。要是碰上收成不好的年月，很多家庭难以为继，只好靠借租度日，或外出逃荒要饭。

董存瑞刚满6岁，就拿起放羊的鞭子，帮助家里照看牲口，南山堡山前山后的沟沟坎坎留下了他蹒跚的小脚印。7岁的时候，董存瑞就跟着家里人干起了繁重的庄稼活儿。风里来，雨里去，终于碰上了一个好收成的年头。这年秋天，正当董存瑞一家沉浸在丰收的喜悦之中时，地主刘大肚子带着人来到他们家，以交租和还债的理由将粮食抢了个精光。

一家人辛苦一年，最后一粒粮食也没留下，

母亲和姐姐难过得哭了。年幼的董存瑞不明白，刘大肚子从来不下地不干活儿，穿着绫罗绸缎，吃的是山珍海味。而自己一家和村里的其他穷人一样，一年吃糠咽菜累死累活，到头来还要受他的欺负。他问父亲，这是为什么？老实的父亲只能说自己家生来命穷，别的也回答不出来。董存瑞心里充满了愤恨，想着一定要找机会好好收拾一下这个恶霸地主。

董存瑞的年龄在村里小伙伴中虽然不是最大的，可他胆子大，人又机灵，很多孩子都喜欢围在他身边一起玩。董存瑞把村里的穷苦孩子叫到一起，商量收拾刘大肚子的方法。有的说烧他家房子，董存瑞摇摇头："他家房子宽，全烧着了，没准把左邻右舍的乡亲家一起烧了。"有的说朝他扔石头，有的说朝他放狗。董存瑞都摇头说："明着和他干，不但咱们要吃亏，家里人也会跟着遭殃！"

正当大家一筹莫展的时候，董存瑞望着村子前边那棵大榆树，突然有了主意。

"什么办法？快说说！"孩子们显得急不可待。

董存瑞指着前方大榆树上的马蜂窝说："这个马蜂窝要是突然从上面掉下来，刚好砸在刘大肚子的脑袋上，你们觉得怎么样？"

小伙伴们拍着手哈哈大笑起来，他们明白了董存瑞要做什么，都觉这个主意妙。原来刘大肚子每天出来散步，都要从这里经过，有时还会在树下坐一坐。

董存瑞从兜里掏出妈妈纳鞋底用的麻线，指着树上的大马蜂窝说："只要把麻线拴在马蜂窝的根上，然后牵着另一头，藏在一旁的草垛里，等刘大肚子前来就行了……"

一个孩子没等董存瑞说完，拿起麻线就朝大树爬了上去，没爬到一半就哧溜一声滑下来："不行，马蜂太厉害了，围着脑袋嗡嗡叫，差点就被它蜇了。"

另一个孩子抢过麻线就要朝树上爬，董存瑞拦住他说："还是我上吧，我爬得快。"

董存瑞说完用牙咬住线头，两手抱住树干，像猴子一样灵巧地爬了上去。他扯下线头，正要去拴马蜂窝，马蜂窝受到摇晃，几只马蜂朝他胳膊蜇去，董存瑞的身体晃了一下，就在大家正为他担心的时候，董存瑞已拴好线头，顺着树干滑了下来。

“你的胳膊没事吧？”小伙伴们担心地问。

董存瑞望了望红肿的胳膊说：“没事，就当被蚂蚁咬了一口。”

就在这时，一个孩子说道：“快藏起来，刘大肚子出来了。”

董存瑞向孩子们挥挥手，大家立即朝一旁的草垛里藏去。看见刘大肚子踱着方步，一路摇摇晃晃地朝这边走过来，董存瑞一手牵着线头，一手用手指压在嘴唇边，对紧张又有些兴奋的孩子们做了个噤声的动作。

刘大肚子喜欢饭后在村里溜达溜达，这是他最得意的时刻，一手端着水烟袋，一手摇着大蒲扇，挺着大肚子，威风凛凛架子十足地在大家面前走过。看到谁不顺眼，顺便还要呵斥几句。董存瑞一眼也不敢眨，等刘大肚子走到榆树下，使劲一拉手里的麻线，只听“啪”的一声，马蜂窝正好落在刘大肚子的脚下。成群的马蜂嗡的一下从窝里飞出来，将刘大肚子团团围住。刘大肚子被这一突如其来的“灾祸”吓得魂飞胆破，他扔掉水烟袋，丢下大蒲扇，双手一会儿抱脑袋，一会捂屁股，嘴里疼得哇哇乱叫，连滚带爬跑回了家。草垛里的董存瑞和小伙伴们看见刘大肚子落荒而逃的惨样，捂着嘴笑了个够。

自从摆了“马蜂阵”，董存瑞在小伙伴中的威信更高了，大家认为他遇事有主意，有办法，有事都愿和他商量。

一天，几个小伙伴到山里拾柴。一个小伙伴说：“这几天刘大肚子到处抓夫，说是给长安岭的日本鬼子修炮楼。”

另一个伙伴说：“俺爹有病，说是不能去，刘大肚子就打了俺爹一顿，俺爹如今还躺在炕上不能动呢。”

董存瑞说：“刘大肚子让俺家也出夫，俺爹不在家，他就让俺去，俺去了不到三天就跑回来了！”

“听说那里的鬼子看得可严了，你怎么跑回来的？”一个小伙伴惊讶地问。

"鬼子见我岁数小，就让我去背水，半道上我假装撒尿，趁他们不注意，一猫腰我就跑回来了！"

"跑回来就好，就怕刘大肚子饶不过你。"

董存瑞挥了挥手中的砍柴刀说："哼，他不饶我，我还不想饶他呢！"

"我想了个办法，"董存瑞小声地说，"咱再整那老东西一回，让他再也不敢随便欺负人。"

"啥办法？还用马蜂窝？"

"再用马蜂窝肯定不灵了，咱们得换个法子。"董存瑞想了想接着说，"你们谁家还留着过年的鞭炮，都给我送过来，明天就是七月十五，是给祖坟上香的日子，刘大肚子一定会去给他的祖宗烧香磕头，咱们做个大炮仗给他。"

"你是想炸他？"一个小伙伴兴奋地问。

"到时你就知道啦！"董存瑞故意卖起了关子。

小伙伴们立即回家找过年留下的鞭炮。七月十五中元节，董存瑞和几个小伙伴出了村口，直奔刘大肚子家的祖坟地。

到了坟地，董存瑞让人把风，然后从怀里掏

出一个纸包："这是我用鞭炮里的火药做的土炸弹，今天一定让刘大肚子尝尝我们的厉害，炸不死他也会把他吓个半死。"

"咋让它响呢？"

董存瑞笑着说："一会儿你就知道了。"

董存瑞说完立即动手，在刘大肚子家祖坟前供桌下挖了一个坑，将"土炸弹"放了进去，又用土埋好，铺上一层干草，最后将"土炸弹"的引信掩藏在干草中。

很快，望风的小伙伴前来报告，刘大肚子带领一家人出了村朝这边走过来了。

董存瑞迅速带着小伙伴藏到了附近的山沟里。刘大肚子带着一家人走进坟地，他挺着大肚皮，派头十足地让人摆供品，又是点香，又是烧纸，火苗很快点燃了供桌前的那层干草，正当刘大肚子向祖宗磕头的时候，只听"砰"的一声，供桌一下子炸翻了，刘大肚子面如土色，吓得像摊烂泥一样，和他的儿子一起瘫在地上，等缓过神以后，连滚带爬跑回家去了。

刘大肚子被吓得大病了一场，在家一连几天

下不了炕，他派人查了很久也没查出到底是谁干的，从此，在心底里留下一层挥之不去的阴影。他可能做梦也想不到，带头惩治他的是小小的孩子王董存瑞。

南山堡的“王二小”

1942年，董存瑞13岁了。

日本鬼子隔三岔五来南山堡村“扫荡”，进了村后不是抢粮食就是杀人放火。董存瑞和乡亲们一样，恨透了日本鬼子，他渴望自己快点长大，到时就能像王主任那样，挎着盒子枪，出没在青纱帐和高粱地旁，出其不意地朝鬼子下手，杀他一个痛快，好为乡亲们报仇。

王主任姓王名平，别看只有二十四五岁，却是龙（关）、延（庆）、怀（来）联合抗日民主政府农民委员，还是第三区区委书记兼武委会主任。南山堡是共产党领导的游击区，他一到南山堡，董存瑞就和他熟络起来了。听大人们说，王主任是毛主席、共产党领导的八路军派来带领乡亲们打鬼子的，专门给穷人撑腰，还当面警告过乡亲们非常痛恨的刘大肚子，让他不要死心塌地替鬼子干坏事，小心脑袋搬家。年幼的董存瑞听了王平的故事，既感到痛快，又觉得新鲜。只要王平一来到村里，他整天形影不离地跟在后面。在他心里，王平就是了不起的英雄，一言一行，一举一动，他都模仿着王平，天天嚷着要跟着王平去打鬼子，还缠着他讲革命故事。王平打从心底喜欢这个孩子，活泼、机灵，又胆大心细，是个革命的好苗子。所以每次到南山堡，都选在董存瑞家落脚，给他讲毛主席率领红军爬雪山过草地到陕北，领导全国人民抗日的故事，这些来自党的阳光和雨露静静地滋养着一棵革命幼苗的成长。

夏天的一个晚上，王平布置完区上的工作后，又来到董家看望小存瑞。董存瑞缠着王平给他讲故事。王平想了又想，讲什么呢？“狼牙山五壮士”“王二小”这都讲过很多遍了。过了一会儿，他忽然问：“你知道咱们第三区以前的石主任吗？”

“知道，他不是牺牲了吗？”

“你知道他是怎么牺牲的吗？”

董存瑞摇了摇头。

“好，今天我就给你讲讲，这个石主任，是我认识的党的优秀儿女之一，一个能为党随时献出生命的真正共产党员……”于是王平讲起了他的前任区委书记的故事。

石主任，是第三区第一任书记，是他开辟和发动了这个区的抗日工作。1941 年冬天的一个晚上，由于叛徒出卖，石主任不幸被捕。敌人对他严刑拷打，但他始终不屈服。敌人摆上美食美酒，被他踢翻在地。后来敌人又给他送来黄金和白银，也被他从窗户里扔了出去。敌人无计可施，又叫来叛徒劝降，并承诺只要投降一定能当上大官。石主任怒不可遏，狠狠地打了叛徒一个耳光。叛徒恼羞成怒地说：“你是铁了心要送死吗，难道你不怕死？”石主任斩钉截铁地回答：“怕死的是你们这些猪狗不如的叛徒，民族的败类，真正的共产党员是不怕死的！”敌人最后什么花招都使尽了，仍没法让石主任屈服，最后把他残忍地杀害了。

“这就是真正的共产党员，也是我们学习的榜样，为了党的事业能毫不犹豫地献出自己的生命！”说到最后，王平望着泪光闪闪的董存瑞，轻轻拍了拍他的肩膀。

“等我长大了也要当共产党，像石主任那样跟鬼子战斗，绝不屈服！”董存瑞挥着拳头，一张小脸因过于激动变得绯红。

很快就过了深秋。一天下午，王平来到南山堡布置秋后的坚壁清野工作，还没有回区上，外面突然响起了枪声，有人高喊，鬼子来了。董存瑞听了十分着急，对母亲说：“王主任还在村里，我去找王主任！”

母亲见儿子焦急，跟着董存瑞往门外跑。刚出门口，就见王平端着盒子枪急匆匆跑了过来。原来他留在后面帮助民兵组织转移，这时鬼子已经将村子团团围住，已经没办法撤离了。

董存瑞见状，拉起王主任就朝自己家院里跑去。王平推开小存瑞的手说：“不行，一会鬼子搜出来，会连累你们全家的！”说完提枪就要冲出去。

董存瑞死死关上大门，对王平说："出去了你更跑不掉了。"说完指了指院里的菜窖，"就藏在这里。"

王平摇了摇头："这个鬼子都知道，来了就翻菜窖。"

董存瑞着急地说："那藏到柴火垛里吧。"

王平还是摇了摇头。忽然，他看见院里有几卷破席子，对董存瑞说："我藏到这里边，鬼子来了，让你开门你就开，千万不要怕，要沉住气，明白吗？"

董存瑞使劲点了点头。这时，院外传来脚步声，接着又响起了"咚咚咚"的砸门声和鬼子的狂叫。

董存瑞刚打开门，四五个鬼子端着明晃晃的刺刀冲了进来。随后，一个挎着洋刀的鬼子军官走进院里，伸出手指比了个"八"字，问道："这个的，有没有？"

董存瑞听出这家伙并不知道王主任藏在院里，心里稳了稳神，灵机一动，故意打岔说："什么，手枪？"

“什么手枪？八路的，有没有?”

董存瑞摇摇头:“不知道!”

“八格牙路！说了糖块大大的，不说，死啦死啦的！”鬼子军官抽出刀，厉声吼道。

面对鬼子明晃晃的刺刀，董存瑞沉着回答道:“说了不知道嘛，真的不知道！”

鬼子军官朝身后挥挥手，几个鬼子兵开始在屋内屋外搜寻，掀草垛，翻菜窖，锅碗瓢盆扔得到处都是，连炕洞都搜遍了，结果什么也没搜到。

这时外面响起了哨音，鬼子兵要集合了。那个鬼子军官还不死心，四处张望，目光落在几卷破席子上，接着走了过去。

董存瑞心里一惊，感觉心都蹦到了嗓子眼儿。他正准备上去拦住鬼子，突然想起王主任说过的话，马上又冷静下来，站着一动不动，一副若无其事的样子。

鬼子军官指了指破席子问:“这里，八路的有没有?”

董存瑞几步跑过去，抱起一卷又破又脏的烂席子，扔到鬼子面前:“这破席子能藏人吗，不信你看！”

破席子打开，散发出一股霉味。鬼子军官捂着鼻子后退了几步，挥挥手，带着几个鬼子兵灰溜溜地离开了院子。

王书记对机灵的董存瑞非常满意，从此以后只要来南山堡开展工作，他就带上董存瑞。一来二去，董存瑞认识了许多像王书记这样的八路军叔叔。

董存瑞也感到格外高兴。他因此也成了村里的名人，大家都知道他竟然在鬼子眼皮底下成功救助了八路军。

当时在南山堡，正好流传着放牛郎王二小为掩护八路军后方机关而牺牲的故事，人们把它编成歌，在华北各地传唱。歌词是这样的：

牛儿还在山坡吃草，
放牛的却不知哪里去了？
不是他贪玩耍丢了牛，
那放牛的孩子王二小。

九月十六那天早上，
敌人就向一条山沟来“扫荡”，
山沟里掩护着后方机关，
掩护着几千个老乡。

正在十分危急的时候，
敌人快要走到山口，
昏头昏脑地迷失了方向，
抓住了二小要他带路。

二小他顺从地走在前面，
把敌人带进我们的埋伏圈，
四下里乒乒乓乓响起了枪炮，
敌人才知道受了骗。
……

南山堡乡亲们在传唱这首歌的时候，很自然地就联想起本村冒死救八路军的董存瑞，于是乡亲们都夸他是掩护八路军干部的“小英雄”、南山堡的“王二小”。

儿童团团长

在王平的培养教育下，董存瑞的思想远远超越了一般的孩子，参加抗日杀敌的愿望也越来越迫切。一天，董存瑞见到王平，着急地对他说："杨家山、焦家沟都成立了儿童团，我们这边还没影呢！我们也要成立儿童团，配合民兵打鬼子和伪军！"

王平笑着说："我来就是安排这件事的，晚上你把够条件的孩子都找来，咱们开个会，布置一下。"

1943 年春天的一个傍晚，南山堡的 20 多个穷孩子，聚集在村东头一家场院里，由王平指导着，第一次在一块开会，成立了南山堡抗日儿童团，大伙儿推选董存瑞当了儿童团团长。

这以后，董存瑞天天挎着一把木刀，手里拿着红缨枪，领着儿童团员参加抗日活动。他们在蘑菇顶山上站岗放哨，查路条。不管刮风下雨，没有误过一次。他们还多次送鸡毛信，送十万火急的“火柴信”，巧妙地躲过敌人的盘查，每次都出色地完成了任务；他们积极配合减租减息运动，宣传发动群众，监视敌人，对汉奸地主的破坏活动进行了坚决的斗争。

董存瑞不但工作积极，而且遇事肯动脑筋。那时，由于我抗日军民通信手段落后，为了及时准确地报告敌人来袭的动向，各抗日根据地军民便发明了用放倒树的办法来通报敌情。因为这个办法报警快速隐蔽，很难被敌人识破，所以“消息树”成为当时最好的通信办法之一。

当时的“消息树”，一般都是一个地方栽一棵，而南山堡村却在帽顶山的同一个山头上栽着高低不同的两棵树，这正是他这个儿童团团长董存瑞的发明。

儿童团刚成立那阵儿，山上也只有一棵“消息树”。值班团员以树的倒向，向乡亲们报告敌人来的方向。敌人的来向有时报告准确，但距离村子的远近说不清。这给转移带来了不便。如果跑得早了，敌人半路改变行动方向，就白跑了；如果跑得晚了，就有被敌人包围的危险。

有一次，乡亲们正在地里干活，突然发现帽顶山上的消息树向北倒了，乡亲们判断敌人肯定是从南面来“扫荡”了，于是男女老少急忙向北山跑去。结果在山上躲了大半天也不见村里有啥动静，原来，敌人从沙城出发到义和堡岔道口后，向西北夭子头村奔去了，让乡亲们一场虚惊。

还有一回，人们发现消息树向南倒了，以为敌人会从北面回沙城，所以没有转移。可是没想到敌人走到二堡子临时改变了行动计划，朝东拐了下去。由于敌人走在沙河大道上，地势比较低洼，放哨值班的儿童们在远处根本看不见。等到发现鬼子，还没跑出村就被包围了。敌人不但抓走了4个村干部，还抢走了50多只羊、10多头大牲口，还有好多粮食和衣物等。这个沉重的打击，让身为儿童团团长的董存瑞伤心了好多天。他认为，没有及时报告敌情总是自己的责任。

为此，董存瑞好几天吃不下、睡不着。他想：是自己站岗放哨把消息树放晚了吗？不是啊，敌人刚一露头，团员们就急忙把消息树放倒了。肯定是敌人动作太快，临时改变了方向，乡亲们没来得及跑就被围住了。一定要想办法解决这个问题，要不乡亲们还会遭到偷袭。

为了让消息树既能告诉敌人来的方向，又能告知远近，他冥思苦想了好几天，最后终于想出了一个好办法：在同一个放哨的地方，栽上一高一低两棵“消息树”。放倒高的，是告诉乡亲们敌人来的方向；放倒低的，说明敌人离村已经很近了；如果高的低的同时倒了，就是说敌人不但离得近，而且人数很多，让大家赶快行动。

董存瑞把自己的想法和村里的民兵队长说了，得到了支持，大家都说这个主意好。第二天，帽顶山上和其他站岗放哨监视敌人的地方，都栽上一高一低两棵“消息树”。

自此以后，南山堡的安全防范再没有出现过差错。董存瑞这一发明创造受到了时任区委书记王平的高度赞扬，并把这一通信方法推广到其他村庄。

在这火热的斗争中，日子过得很快，转眼夏去秋来，中秋节快到了。董存瑞已经接连好几天没有看到王平主任了。整天想他盼他来给儿童团教歌和讲故事。过节那天，母亲给了董存瑞一块月饼，他没舍得吃，把月饼包好放在柜子里，准备等王平来了给他吃。

中秋节很快过去了，王平还是没有到南山堡来。一天晌午，董存瑞从地里干活回来，在村里遇到第三区的一个干部，他拉住人家就问："王主任来了吗？"

"王主任……"区上的干部张了张嘴，半晌说不出话来。

"王主任怎么啦？"董存瑞见这个干部神色不对劲，越来越着急。

"王主任……他……他牺牲了！"

这个晴天霹雳一样的消息来得太突然，董存瑞惊呆了。他不相信这是真的，前些日子不是还听他讲过故事吗？可是那位干部悲痛的神色让他知道，这一切真的发生了。他心里一阵绞痛，忍不住失声痛哭起来。

人们聚集在大榆树下，听区上的这位干部讲王平主任牺牲的经过。

农历八月十八那天，王平和县里一位姓郭的科长，在常庄子忙完工作已是后半夜了。因斗争形势紧张，他们决定连夜转移，刚到常寨子，正准备休息，外面传来一声枪响。两人提枪走出院门，借着月光发现，三面山头上都有敌人在活动，只有村南方向还平静。王主任立即带着郭科长从村南突围，谁知还是晚了一步，路口已被敌人封锁了。敌人一见有人前来，不由分说，用机枪扫来一排子弹。王主任和郭科长各打出一梭子弹后，见无法突围，只好退到附近一间空房子里。敌人一见只有两个八路，气焰顿时嚣张起来，将空房子团团围住。双方相持了一顿饭的工夫，王主任和郭科长的子弹打光了，只剩下最后一颗手榴弹。敌人见屋里停止了射击，知道他们没有子弹了，便疯狗般扑进了屋内。敌人没想到的是，他们冲进去后，看到王主任和郭科长抱在一起，王主任手里举着一颗冒烟的手榴弹，只听“轰”的一声巨响，王主任还有郭科长与扑进来的敌人同归于尽了。

听了王主任和郭科长壮烈牺牲的经过，董存瑞和儿童团的小伙伴都哭了。他握着红缨枪，一口气冲上山顶，望着王主任牺牲的常寨子方向，流着泪发誓：王主任，你的血不会白流的，等我长大了，一定要为你报仇！

小民兵

董存瑞满怀复仇的怒火，找到民兵指导员，激动地说：“指导员，我要当民兵！”

民兵指导员说：“你现在是儿童团团长，干好你的工作也是为革命作贡献，当民兵，还是等你长大了再说吧！”

董存瑞倔强地说：“不行，我现在就要当民兵，我要去杀鬼子和汉奸，我要给王主任报仇！”

董存瑞说到这里时突然放声哭了起来。民兵指导员望着这个平时特别坚强的孩子哭得这么伤心，知道他与王平的感情深，一时也没法劝他，就说：“这事得开会研究才行，依我看，往后民兵出去活动，你可以跟着去，先锻炼锻炼！”

董存瑞见指导员这么爽快地答应了，便回家开始准备。可一连好几天过去，左等右盼，也不见指导员来通知他参加民兵的活动。一打听，才知道武委会开会时，很多人认为他年纪太小，对敌斗争又十分艰险，要是让他一起参加活动，容易出问题。

董存瑞不甘心，想了半天，终于有了主意。

一天晚上，南山堡的民兵要到安营堡附近据点去执行“破交”任务，当队伍走出村口不远，指导员发现后方有个人影，不紧不慢，总和队伍保持一定距离。指导员故意慢下来，藏住身形，后面的人影紧追了几步，指导员一把将其抓住，结果发现是董存瑞，便问道：“怎么是你？谁叫你跟上来的？”

董存瑞见指导员发现了他的踪迹，张口就问：“前几天你当面答应的，说有任务叫上我，你为什么说话不算数？”

指导员一时哑口无言，心想，董存瑞年纪虽小，但说话办事有板有眼，只是年纪实在太小，生怕他执行任务时耍孩子气闹出乱子，不过要是好好锻炼锻炼，倒是个好苗子。于是和民兵队长商量了一下，转身对董存瑞说：“你跟着也行，不过有一条，必须坚决服从命令，叫你干啥就干啥，这是纪律，你能答应吗？”

董存瑞听出这是同意他一块去的意思，高兴地回答道：“坚决服从命令听从指挥！”说完，董存瑞就兴高采烈地跑到民兵队伍中，朝前方目的地行进。

队伍行进到离安营堡据点只有 5 里路的地方，董存瑞接到指导员的命令，要他和另一个民兵去给敌人据点送假情报，掩护民兵顺利完成“破交”任务。

受领了任务，董存瑞立即跟着那个民兵悄悄来到安营堡据点外的一个炮楼前，只见四周很安静，炮楼的小门紧闭，两个伪军正在站岗。

董存瑞望着两个伪军，想起他们平时在乡亲们面前耀武扬威的样子就来气，恨不得捡起石头朝他们扔去。但一想，这是头一回参加民兵活动，弄不好下次就别想跟着执行任务了，便按下了心里的念头。他们藏在草丛里观察一会儿之后，并没发现其他情况。民兵示意他跟着朝前走，于是两人朝着公路大摇大摆向前走去。两个伪军发现前方有人，立即吆喝起来：“站住，干什么的？”

“送情报的。”

“哪个村的？”

“永安村的。”

两个伪军神色戒备地用手电筒朝下照了照，发现是一个大人领着一个小孩，神情顿时轻松下来，然后把一个系着口袋的绳子放了下来，指着那个民兵喊道：

“你原地别动，让那个小孩把信放进去。”

董存瑞毫不畏惧地从民兵手里拿过信，走过去将信放进口袋里。

伪军把口袋拉了上去，借着手电光看完之后，骂道：“又是太平无事！可八路天天闹事，你们送的肯定是假情报！”

同行的民兵立即回答道：“老总，情报是真的，不信你去问李保长，是他让我们送来的！”

伪军呵斥道：“谁让你多话了，让那个小孩说。”

董存瑞不紧不慢地回答道："老总，情报是真的……"接着他按民兵指导员事先编好的那套，把"情报"的来龙去脉说得滴水不漏。

两个伪军知道，永安村有个姓李的家伙，是个铁杆汉奸，被鬼子委任为保长，一般他派人送来的情报不会假，而从这个小孩的话里也听不出任何破绽，便摆摆手说："好啦，回去吧！"

董存瑞转身和那个民兵沿着公路走了回去，不一会儿，又顺着小路返了回来，隐身藏在草丛里，监视着敌人的一举一动，直到民兵们顺利完成"破交"任务。

董存瑞这次的表现，受到民兵们的表扬，都说他够格当个真正的民兵了。打这以后，南山堡民兵每次出去活动，董存瑞都跟着去。武委会重新改选了儿童团团长，董存瑞正式加入了南山堡民兵连。

正式加入民兵连以后，董存瑞心里别提有多美了，经常在小伙伴们面前炫耀自己"八路"的身份。指导员发现后，告诉他目前还算不上真正的"八路"，最多只是一个"见习八路"，只有在战场上立功杀敌后，才算真正的"八路"。

董存瑞暗下决心，一定要练好杀敌本领，成为一名真正的“八路”，那样就可以替王主任报仇。一有机会，他就请老民兵教他投手榴弹、打枪。没过多久，他的几般“武艺”样样在行，看起来很像一个老民兵了，他渴望在战斗任务中一展身手。但是，董存瑞真正成熟起来，像老民兵那样执行战斗任务，还是经历了一番锻炼过程。

一天夜里，董存瑞参加沙城外围的“破交”行动，被分配担任警戒任务。他看见远处城墙上有个站岗的鬼子，想起王主任的大仇还未报，怒火中烧。他决定干掉这个鬼子，替王主任报仇。他耐着性子在草丛里等了半天，见大家已完成任务准备回撤，心想任务已经完成了，便决定行动，于是就朝城墙摸了过去。带队执行任务的武委会主任发现时，已经来不及了，又不敢大声喊他回来。就在这时，已摸到城墙边的董存瑞站了起来，朝敌人扔去一颗手榴弹，可惜，由于年纪小，臂力不够，手榴弹在城墙下爆炸了。这下可捅了“马蜂窝”，鬼子哨兵慌忙开了枪，惊醒了炮楼里的其他鬼子。敌人的机枪和步枪同时响了起来。武委会主任趁敌人还没发现董存瑞的藏身之地，飞扑过去，一把将他拉进了青纱帐里。队伍边打边撤，最后总算安全回到村里。

“破交”任务虽然圆满完成，董存瑞的行动却遭到了大家的强烈批评。

民兵们围在一起开会，整个过程充满了火药味。大家你一言我一语，一个接一个发了言。

“同志，你现在是民兵，不是孩子啦。毛主席制定的‘三大纪律八项注意’的第一条，就是一切行动听指挥，不能自己想怎么着就怎么着。”

“为王主任报仇没错，可这不是你一个人的事，单枪匹马，靠你扔一颗手榴弹就能把这些鬼子都杀了吗？”

“就因为你的擅自行动，差点让我们所有同志都暴露在敌人面前，你想到过这个问题的严重性吗？”

最开始董存瑞觉得很委屈，听着听着，心里敞亮了。同志们批评得对，自己的莽撞差点惹出了大祸。大家发完言以后，董存瑞承认了自己的错误，并请同志们监督帮助。

经历这件事以后，董存瑞变得沉稳了许多。

他处处严格要求自己，和南山堡的民兵们一起，入虎穴、抓汉奸，送情报、察敌情。每次执行任务时，哪里最危险，哪里就有他的身影。

一次，南山堡的民兵接到破坏敌人通信线路的任务，他们夜里锯断了敌人的电线杆，可是第二天敌人又把锯倒的电线杆重新竖了起来，架上了电话线。民兵们坐在一起商量，如何才能彻底破坏敌人的通信线路，大家商量了很久，都没想出好法子，董存瑞坐在一堆大人中间，始终没插上话，最后见大家愁眉苦脸的样子，脑子一转，想出个点子，说："下回咱们割完线再埋上地雷，敌人再来架线，就让他啃'铁西瓜'，这样既破坏了电话线，还能捎带干掉几个鬼子，多好！"

大人们都觉得这个点子够绝，于是就照董存瑞说的做。不但掐断了敌人的通信联络，还炸掉了查线的鬼子兵，吓得他们再也不敢随便出来。

两年过去了，董存瑞终于从一名孩子锻炼成长为一名出色的小民兵。

02

走进军营

我要去当兵

1945 年夏天，董存瑞所在的民兵组织活动的地区扩大到平绥铁路沿线，配合八路军大部队作战行动的次数也越来越多了。

南山堡的民兵接到上级命令，赶到区里去开会。到区里后，董存瑞看到这里已经集结了很多八路军部队，有的战士在擦枪，有的战士在整理行装，还有的战士在帮助老乡挑水，打扫院子。看到这些精神抖擞的八路军战士，董存瑞心里别提有多羡慕了。经过一个院子时，看到一个八路军战士正在擦枪，董存瑞禁不住停下来，蹲在旁边看人家擦枪，然后趁他不注意的时候伸手摸了摸枪身。

八路军战士见是一个半大小伙子，还以为是村里的孩子，就说："小朋友，别乱动，这可是真家伙！"

"谁是小朋友？你以为就你会打枪啊，这枪我也会使！"

"哟，口气不小，你还没枪高呢，敢吹这么大的牛？"八路军战士见董存瑞憨憨的大圆脸挺可爱，便笑着和他开起了玩笑。

董存瑞站起来踮了踮脚尖，"谁说我没有枪高呢，你看，高出一大截呢！告诉你，有志不在身高，我当民兵都好几年了，是正儿八经的老民兵！"

"哟，不得了！"八路军战士竖起大拇指，"好样的，没看出来！"

"那你把枪借我看看，这枪可真不赖，比我们民兵队伍里使的枪好多了！"董存瑞央求道。

"那可不行，"八路军战士一把拿起自己的枪，生怕董存瑞会抢似的说道，"枪是战士的生命，这枪还是我在战场上从敌人手里夺来的，不能随便借别人！"

“有什么了不起，等我当了兵，一定会从敌人手里缴获一把称手的家伙，没准比你的还好呢！”董存瑞说完，不服气地离去。

同年8月，董存瑞完成了他人生中的重大转折。

将满16岁的他，此时听到了一个渴望已久的消息：上级又来征兵了。年年征兵嫌他小，今年自己已经虚岁17，肯定能行！于是就在这天，他瞒着父母，与本村的3个伙伴一起，向龙延怀第三区民主政府所在地杨家山走去。

董存瑞穿着大襟土布上衣和黑粗布裤子，扎着裤脚。他个子不高，胖墩墩的，但看上去很精干。大眼睛，单眼皮，颧骨凸出，厚嘴唇。一笑就露出一对虎牙和两个酒窝，走起路来也风风火火。

这一路，他情绪高昂，信心十足。别看他年龄不大，经历却很丰富。在村里当过儿童团团长，后来又当过民兵，参加过许多区委组织的打击当地日伪军的活动。对此，第三区区委书记兼武委会主任王福堂最了解。董存瑞认为，只要王书记批准，这正式的八路军战士就算当定了。

他这个山里娃，虽然没多少文化，但隐隐约约地感到这一年非同寻常。这一年，法西斯德国宣布无条件投降；美军在日本广岛市投掷一枚代号为“小男孩”的原子弹；苏联对日本正式宣战；毛泽东主席发表《对日寇的最后一战》，号召中国人民的一切抗日力量举行全国规模的大反攻；日本宣布向同盟国无条件投降。

这一切，意味着持续 14 年的中国抗日战争已经结束，世界反法西斯战争取得了彻底胜利。一个个影响世界历史进程的重大事件正在发生，一个个好消息犹如和煦的春风吹进了所有爱好和平的人们的心里，对于遭受深重灾难的中国人民来说，这无疑是一场噩梦的终止。

对此，董存瑞虽不甚明白，但在抗日烽火中长大的他知道，日本侵略者已经投降，国内外形势正在发生深刻的变化。自己一定要参加八路军，成为一名光荣的人民战士，只有这样，才能有大的出息，真正为家乡父老争光。

这一天终于来到了。

董存瑞来到区委，直接找到了王福堂书记，

见面就提出："王书记，我要当兵去！"

"着啥急啊，还是再等两年吧！"王书记故意不紧不慢地笑着说。

"再等两年？日本鬼子已经投降了，哪还有敌人打呀！"董存瑞说这话时，急得脖梗子都红了。

"看你急的，你还小，16 岁还不够。"

"都 17 啦！属小龙的。"说话间，董存瑞故意挺直了身子，脚跟也随着跷得老高，由于紧张，趔趄了几下，差点摔倒。

"17？属小龙的？"王书记掰着指头数了数，"不对，属小龙的今年不到 17 岁呢，明年再来吧。"

董存瑞一听就急了，上前梗着脖子说道："我们那里都是这样算的，算虚岁，不信你去问问。"

见此情景，王福堂哈哈笑了起来。他早就认识董存瑞，知道他有这股执着劲儿。他要想干什么事，你就是调来八匹马也拉不回去。

王福堂书记亲自把董存瑞送到第三区区小队，并鼓励他说："部队和咱们的自卫队不一样，要求会更高，你要努力学习，不断进步，多杀敌人，为咱穷苦的家乡人争光啊！”

董存瑞胸脯一挺说：“王书记，你放心，我一定会按照你的话去做，多立功，立大功，不会给你丢脸的！”

王书记说：“我相信你！当兵后，家里的事你不要挂念，我会经常去看望你父母亲的。作为军属，有了什么困难，政府也会主动帮助的！”

提起父母，董存瑞不禁流下眼泪。他对王福堂书记说：“王书记，请您把我当兵的事告诉我的父母，做做他们的工作，替我赔个不是，我来当兵他们还不知道呢！请他们放心，我一定会照您说的去做，在部队干出个样儿来的！”

“哦，我知道了，知道了，你放心吧！”王书记安慰他说。

枪

董存瑞到区小队不久，被编到龙延怀县大队。

在几次配合大部队作战中，他机智勇敢，总是冲锋在前。部队首长和战友都夸他是战场上的“小老虎”。

虽然罪恶的日本侵略者投降了，14 年艰苦卓绝的抗战胜利了，但在全国不少地方形势依然严峻。内战的暗流开始涌动，和平并没有随着日本的投降而真正到来。原本已宣布投降的日本军队也并没有放下屠刀，立刻息战，有的仍在顽固地与八路军、新四军作战。

我冀热辽军区所属部队则在华北战场上继续打击负隅顽抗的日伪军。

1945 年 8 月 20 日，县大队领受了作战任务：配合主力部队解放沙城镇。

当时，沙城镇驻有日军一个中队和一个伪军大队，共 300 多人，而我主力部队加上地方部队共有 500 多人。县大队和第三区全体干部、自卫队、基干民兵队一起，奉命进入离沙城不远的宗家洼地区待命行动。

这是董存瑞入伍后参加的第一场战斗，他和许多新兵一样，摩拳擦掌，心情十分激动。他看看老战士，又看看自己，一时挺着急。为什么呢？原来他们这批刚补充来的新兵，还没穿上军装，也没有领到枪，眼看就要参加战斗了，还是两手空空，总不能赤手空拳去跟敌人打仗吧。其他新兵也一样着急，就问当过民兵的董存瑞，怎么办？董存瑞说："还能咋办，当然是去找连队要啊！"其他新兵不敢去，就推举董存瑞去连部要枪，董存瑞是个急性子，他三步并作两步跑到连部，见到连长就说："连长，我要枪，仗马上就要开打了，我们新兵都还没有枪，同志们让我来问问，什么时候发枪？"

"要枪？"连长看着董存瑞一副着急的样子，笑着说，"着急了？"

"咋不着急呢？马上就要打起来了，我手上还没有称手的家伙怎么行呢？"

"不急，到了时候自然会给你发枪的！"连长说完神秘地笑了笑。

董存瑞以为到时真的会发枪给他，非常激动和期盼。谁知事与愿违，连队只发给他两颗手榴弹。不仅如此，他还发现，连队虽有百十号人，可有枪的只不过二三十人，而且枪型不同，长短不一，有汉阳造、三八大盖，甚至还有猎枪。许多老兵背上插着大刀，手里拿着长矛。这是怎么回事呢？

在连队战前动员会上，董存瑞终于了解到，虽然他们穿上了军装当了兵，可部队的武器装备十分缺乏，八路军手中的枪基本上都是靠在战场上从敌人手中缴获的。连队武器虽然五花八门，可每一件武器背后都有一个勇敢顽强的战斗故事，虽然它的主人为此都付出了代价，但拥有它的本身就是莫大荣誉。不仅县大队这样的地方武装是如此，即使是我军正规部队的装备，也是通过这样的途径得来的。因此，想要枪，就必须充分调动自己的主观能动性，勇敢积极地到战场上去获取，想方设法用敌人的装备武装自己。

22 日上午 10 时，一阵冲锋号响过后，部队开始向沙城发起总攻。由于我军准备充分，攻势凌厉，在数量上占据优势，敌人见势不妙，稍做抵抗后便纷纷弃城逃窜。

在追击战斗中，董存瑞一马当先，勇往直前，表现得非常勇敢。

他发现一个鬼子兵钻进了一个庭院内，便独自追了进去。谁知刚跨入门内，便有子弹射在了门框上。他没有硬闯，而是就地一滚，躲到了门外，然后顺手将一枚手榴弹扔过去。只听“轰”的一声，那个鬼子就见了阎王。董存瑞赶紧进去取敌人的枪，没想到刚才那颗手榴弹炸死敌人的同时，那支枪也受到损坏，已经没法使用了。

董存瑞又立即随部队追到城外，这时他发现前方不远处的一个土坎后面，有个火力点正疯狂地射出密集的子弹，把部队压在了一片树林里，他迅速从侧翼绕了过去，结果发现有 4 个敌人正趴在那儿射击，以掩护大股敌人溃逃。董存瑞恨得牙根痒痒的，手里要是有支枪就好了，可现在手上只有一颗手榴弹，怎么办呢？这时他脑瓜一转，便悄悄从侧翼向敌人爬过去，离敌人背后只有几米远时，他突然站起来，举起手榴弹，大声喝道：“缴枪不杀，快快投降！”敌人吓了一跳，压根儿没想到八路军已抄到了身后。正在敌人不知所措的当儿，前方被火力压制的八路军战士纷纷冲了上来，被董存瑞这一喝吓，还没反应过来的敌人只好乖乖地举枪投降了。

董存瑞正要去缴敌人的枪，没想到已经有几个战士先他一步取下敌人手里的枪，并笑着对他说："小同志，这枪背着沉，还是我来吧！"董存瑞正要和他们理论几句，那几个战士已经背着缴来的枪，匆匆离去了。就这样，董存瑞渴望在战场上缴获一支枪的愿望再次破灭了。

战斗结束后，董存瑞跟着几名战士走进一座敌人的军需仓库。仓库里堆满了军用物资，还有日寇的毛毯、皮鞋等。董存瑞一边和大家清理这些物品，一面留心找着枪。眼看活儿就要干完的时候，他偶然在墙角下踩到一个硬邦邦的东西，急忙捡起来一看，好家伙，原来是一支崭新的小手枪。他努力压住内心的狂跳，又仔细看了看，发现这支枪跟他以前见过的王八盒子不一样，要小巧和漂亮许多。他并不知道这是勃朗宁手枪，见没人注意到他，赶紧把枪别在腰里。

回到驻地，董存瑞兴奋地拿出那把枪，擦了又擦，看了又看，还高兴地哼起了歌……谁知班长发现后，将他的手枪没收了并上交到了连部。

晚上，班里召开战评会。班长表扬了董存瑞作战时的英勇表现，同时也严厉批评了他私藏缴获品和战利品的行为。董存瑞一时想不通，大声说："那歌里都说了，'没有枪，没有炮，敌人给我们造'，这是我从战场上捡回来的，就应该归我，我还要用它消灭敌人呢，我没有错！"

班长看他一时想不通，就耐心地说："我们军队为什么能打胜仗，就是因为有铁的纪律。如果战场上缴获的战利品，你说你有用留下，他说他有用也留下，每个人都往自己的兜里塞，那和土匪有什么区别，我们还是人民的军队吗？"

董存瑞听了后惭愧地低下了头，并承认了自己的错误。

过后两天，董存瑞正在班里听老战士讲战斗故事，班长兴冲冲地进来通知："所有人到门外集合！"

董存瑞跟在班长后面向外走，看到班长一副高兴的样子，忍不住问："班长，是不是有啥好事？"

班长故意卖起关子：“一会儿你就知道了！”

全连集合后才知道是准备给新入伍的战士发枪和发新军装。董存瑞兴奋得脸都红了，当轮到给他授枪时，连长特意给他挑了一支较新的枪作为对他作战勇敢的奖励，并希望他以后英勇杀敌。董存瑞接过枪，感觉自己全身的血都沸腾了：从今往后，我就是真正的战士了！

特殊的任务

由于董存瑞在这次战斗中的出色表现，他不仅受到了上级领导的表扬和奖励，也引起了县、区领导的特别关注。

在县大队，大家都知道董存瑞是一个机智勇敢的新兵。

占领沙城后，龙延怀联合县委召开各区主要领导干部会议，研究部署工作。第三区区委书记王福堂和县大队政委耿世昌也奉命来到县委，走到机关门口时，一眼便认出了正在站岗的董存瑞。

董存瑞手持钢枪，精神抖擞，十分威武。他看到两位领导走过来，迅速抬起右手向他们行了个举手礼。王书记高兴地拍了拍董存瑞的肩头说：“哟，这不是咱南山堡的董存瑞吗？行啊，几天不见，像个革命军人的样子了！”

得到王书记的夸奖，董存瑞有些激动。喊了声：“王书记、耿大叔……”红着脸，一时不知该说什么了。

“刚夸你呢，又犯迷糊了吧？在部队，怎么称耿政委为大叔呢？”王书记嗔怪道。

“是这样叫的呀！耿政委和我是一个村的，按辈分我该叫他大叔，没错呀。”董存瑞脑子还没明白过来，急忙说道。

“我知道这些，你在村里或家里见了他，可以这么称呼，但在部队就不能这么叫了，部队有部队的规矩嘛，你们班长没告诉你怎么称呼上级吗？”

“对，应该叫首长！”董存瑞听了王书记的话，不好意思地低下头，摸了摸后脑勺，又仰起脸，调皮地嘿嘿一笑说，“是，首长，我记住了”。他那顽皮的劲儿，把在场的人都逗笑了。

这时，王书记悄悄向耿政委说了什么，耿政委笑着点了点头。只见王书记转过身来对董存瑞说：“下午有个重要任务交给你，怎么样？”

董存瑞双脚一并，抬头挺胸立正道：“保证完成任务！”接着顽皮地眨了眨眼睛，问道：“首长，是什么重要任务，是不是又有仗打了？”

王书记笑着摇摇头。

董存瑞想了一下又问：“那就是抬担架运送伤病员？”王书记挥挥手说：“也不是。”

董存瑞猜不出，望着耿政委：“那……那是什么任务？别的任务，要是不会，我怕我完不成呀。”

耿政委打量了一下憨厚着急的董存瑞，郑重地说：“区里的自卫队抓了3个俘虏，要我们县大队帮助押往宗家洼后方留守处。王书记建议让你去完成这个任务，有信心没有？”

董存瑞一听乐坏了，立刻行了个举手礼：“有！请首长放心，保证完成任务！”

“那好，午饭后，你到大队部来，我再给你具体交代。”

“是！”董存瑞一听是单独执行任务，非常高兴。宗家洼他很熟悉，不过七八里地，翻过一座山就是，完成这个任务简直是小菜一碟。

午饭后，董存瑞来到耿政委处。耿政委郑重其事地向他交代了注意事项，最重要的是不能大意，绝不能让俘虏给跑掉了，再就是要执行俘虏政策，不能打不能骂。

董存瑞当时连想都没想，就满口应承下来。

当这3个战俘来到面前时，董存瑞一看两个是鬼子兵，一个是翻译，立刻满腔的怒火憋不住地往头上蹿，牙齿咬得咯咯响。想起日本侵略者到自己家乡抓走乡亲、村干部，抢走粮食、牲畜，奸污妇女，以及王平书记牺牲等一幕幕情景，他恨不得马上就把这些坏蛋用枪崩了。

虽然董存瑞知道自己的想法不怎么对，可看到他们怎么也克制不住内心的怒火。所以在路上，总想找机会教训他们一下。他见其中一个鬼子兵腿上受了点轻伤走得不快，就举起枪吓唬他说：“快走，不好好走，老子一枪崩了你！”

跟在后边的翻译看见了，索性停下不走了，不满地对董存瑞说：“你们八路军优待俘虏，不许打人，你怎么回事……”

没等翻译说完，董存瑞便用枪托捣了他屁股一下，严厉地说：“不许打人？八路军不打好人，像你这样的汉奸，打一下当然不行，得使劲打，打一百下也不解恨！”

董存瑞说完，故意举起枪托吓唬他。

翻译大叫起来：“你……你……你这是虐待俘虏，我告诉你们的长官去！”

见翻译这么放肆，董存瑞又捣他一下，指着前方，大声地说：“好呀，你去报告吧！”

看着董存瑞满脸怒气，翻译不敢再吭声了。

董存瑞盯着3个战俘，气不打一处来，对他们说：“我们的政策是不许打骂战俘，可你们做了那么多坏事，我看着就来气，你们说说，为什么要来侵略我们？”

翻译与鬼子叽叽哇哇地说了几句，然后说：“他们说，那是上边的命令，他们也不愿意来。”

“不愿意来？”董存瑞用眼睛狠狠瞪着两个鬼

子兵，把手指放在步枪扳机上：“既然不愿意来，怎么来了后就杀人放火呢？”

鬼子看见董存瑞的动作，又是满脸怒容，以为要就地枪毙他们，立刻惊慌起来，忙向翻译求救。翻译向两个鬼子兵咕噜几句，鬼子兵这才哭丧着脸，两眼含着泪水向翻译嘀嘀咕咕说了一阵子。

翻译看看董存瑞，指着腿部受伤的那个鬼子兵说：“他叫三原，父亲是个贫苦农民，母亲患有严重的肺结核病，他刚 17 岁就被征兵来打仗，他说心里很痛苦。”

接着，又指着另一个鬼子兵说，“这个叫长森，是一个中学生，高中还没念完，就被抓了当兵。”

董存瑞摆了一下手，指着翻译问：“那你原来是干什么的？”

翻译叹了口气，十分内疚地说：“我是奉天人，高小没毕业在一家小药店当学徒。九一八事变以后，我被骗进了日语培训班，说毕业后给找工作，后来被骗进日军当翻译。我……我没办法，不当，他们就杀我，我……我……我可没有祸害过老百姓……”听了翻译和两个俘虏的经历，董存瑞脸上的怒色有所缓和，说：“原来你们都是被强迫来打仗的。”

3个俘虏连连点头：“对，对，是被强迫来的，是被强迫来的。”

董存瑞想了一会儿，心里说不清是什么滋味。他看了眼腿部受伤的鬼子兵，从腰带上取下一条擦汗用的白毛巾给他裹上，又给了他们每人一块干粮，让翻译和另一个鬼子兵搀着受伤的鬼子兵，一步步向宗家洼走去。

“左撇子”

1945年12月，晋察冀军区进行整编，董存瑞随部队编入冀热辽军区第九旅二十四团二营六连九班当战士。

1946年1月，董存瑞所在的部队奉命转移到怀柔一带进行整训。

经过思想政治教育，部队练兵热情高涨。指

战员纷纷表示，要珍惜难得的和平时间，努力提高自己的战术技术水平。董存瑞更是如此。他在一次训练动员大会上表示：

“自从入伍后，自己没有受过系统训练，作战技术水平比较差，和一个真正的战士要求还相差得很远。因此，一定要刻苦训练，克服自己在军事方面的弱项。打仗要有真本领，只有真正提高自己的军事素质，才能消灭敌人、保存自己。”

董存瑞说到做到，训练中对自己的要求非常严格。

因为从小养成的习惯，董存瑞是个左撇子，干活、吃饭等，总是使用左手，这给他的训练带来了许多难题。训练刺杀时，两只手握枪的位置一调换，总是感到左手使不上劲，右手的劲却又不够使；射击训练中，用右手拉枪栓、压子弹、扣扳机，又不像左手那样灵巧、利索，总要比别人“慢半拍”，多费几秒钟。董存瑞认识到，几秒钟的时间在战斗中，那就可能是关系到你死我活的大问题。要想在战场上消灭敌人，就必须彻底纠正左撇子的习惯。于是，他有针对性地进行训练。不论做什么，总是有意识地培养用右手的习惯。时间一长，右手的力量得到了明显的加强，灵活性也渐渐提高。

在训练中，董存瑞不仅爱动脑筋，还非常刻苦。

董存瑞对手榴弹情有独钟。他认为，手榴弹是个顶好的武器，杀伤力大，又轻便易携带。但他投掷水平不高，是个明显的弱项。为了提高投弹的技能，在一段时间里，他每天鸡叫头遍时，就悄悄起来到野外练习投弹。因为光线不好，董存瑞便在手榴弹上拴上一根绳子，这样既可防止手榴弹丢失，又节省了捡弹时间，提高了训练效率。为了增加臂力，董存瑞想出了许多办法：连里做的简易单杠，他一有空就去攀；院子里的石磙子，他一天不知去抱多少次；给房东老乡挑水，有扁担不用，偏要用双手拎着满满两桶水奔走。

一天下来，董存瑞都感到浑身酸疼，夜里睡觉翻身都感到困难。早上起床，双腿和右臂像灌了铅似的，费很大劲才能抬起来。可是，这个倔强的战士一声不吭，天天坚持着。

这天，连里为了检查第一阶段的训练成绩，进行了一次投弹考核。轮到董存瑞投掷时，有个老战士劝他：“你还是用左手投吧，这回可是算成绩的。”董存瑞没有吱声，右手抓过手榴弹，用左手揉了揉右胳膊，咬紧牙关，忍着疼痛使劲甩了出去。

手榴弹在前面不远的地方，砸起了一股灰尘，滚了几下，停住了。

一量距离，还不到18米！连董存瑞都有点吃惊了：同志们投弹都是越练越远，我这是怎么搞的，越练越近了呢？

他正望着着弹点出神时，忽听那个老战士说：“不应该算，董存瑞是个左撇子，应该让他用左手投一次！”

董存瑞猛地转过身来说：“应该算！要是打仗时我左手挂了彩，右手还能闲着，眼看着敌人不打吗？”

班长仿佛看出了什么，走过来，把董存瑞的右臂军衣袖子往上一捋，轻轻抬起一看，心痛地说：“肿成这个样子，咋不说一声呢？”

这时大家纷纷围拢上来，看着董存瑞又红又肿粗得像小腿似的胳膊，都向他投去了敬佩而关切的目光。

董存瑞说："其实，大家都和我一样啊！"

班长说："我知道，可就数你严重。"接着又对大家说："同志们，这就是董存瑞投弹不远的原因。虽然这次没投远，但从中体现了他不怕吃苦、顽强训练的精神，很值得我们学习。"

董存瑞听到班长的鼓励，心里就更不安了。他抑制着内心的激动，说："班长，我这算什么成绩啊！我……我还要继续练下去！"

班长说："要慢慢来，等你胳膊消肿了，成绩很快会上来的。"

晚上，班长和同志们烧好水，一面忙着给董存瑞热敷那红肿的胳膊，一面劝他不要急。

这时，连长王万发来到了九班。他看着董存瑞的胳膊，听到同志们对他的称赞，也被深深感动了。他先是表扬了董存瑞的刻苦精神，接着又说："我们的训练要讲究科学的方法，不要单练一项，要把射击、投弹、刺杀等科目交替进行，这样不但能全面提高技术，胳膊也不致累成这样；不要急于求成，练得太猛，想一口吃个胖子。冰冻三尺非一日之寒，训练成绩也是一样，只要持之以恒，就会慢慢提高；不要只讲苦练，以为吃了苦就能练好，不一定。要开动脑筋，多想办法，苦练加巧练。总之，大家要互相学习，取长补短，不断总结经验，这样才能把杀敌本领练好。”

王连长的话和练兵经验，使大家顿时开了窍，发现了问题所在。

开班务会时，班长主动作了自我批评，说自己作为老兵，指导不够，也不科学，导致一些同志练得伤痕累累，成绩还提高不快，以后要按连长说的，讲究方法，将一些练体力的、练技术的、练战术的合理搭配，使各项训练水平一齐提高。

领导和战友们的关心和照顾，使董存瑞体会到了革命大家庭的温暖。他暗下决心，一定要按连长说的那样，苦练加巧练，尽快提高三大技术，争当优秀战士。

经过一段时间的训练，董存瑞的射击、投弹成绩都有了很大提高。可他从不满足现状，坚持给自己层层加码，从严从难，向老兵看齐。

练兵运动结束时，董存瑞这个昔日的“左撇子”，改用右手在全排作了刺杀和射击表演，赢得了阵阵喝彩，叫好声此起彼伏。连里组织投弹考核，他双手投弹，左右开弓，不仅投得远，而且投得准，取得了全连第一的好成绩。后来，董存瑞又和另外 4 名同志代表全连参加团里组织的军事技术竞赛，他们的手榴弹投掷夺得全团第一名的好成绩，其他几项综合成绩评定也是第一名。在热烈的掌声中，团首长给董存瑞等 5 名同志戴上了大红花。

03 在战火硝烟中成长

痛击敌伪顽

为了配合主力部队夺回仍被日伪军占据的一些据点，董存瑞所在部队奉命东进，先后越过了锁阳关，打开了龙关，穿过剪子岭，包围了赤城。

赤城是察哈尔的一座古城，当时驻扎着 5 个大队的伪警察，有 1000 多人，全部接受了国民党的委任。以前，他们作为日本帝国主义的走狗，作威作福，鱼肉百姓，横行乡里。日本鬼子投降后，他们又挂起了青天白日旗，换上了“国民党察哈尔省先遣第一支队”的番号，成为国民党反动派的爪牙。

这个支队的头目名叫白耀珍，被国民党任命为城防司令。

白耀珍把国民党的委任状当作自己的保护伞，始终不肯向我八路军缴械投降。尽管我军采取了先礼后兵的方针，先后几次派人联络，让其出城缴械投降，可他始终不理不睬。而且，为了防止我八路军进攻，还命令手下紧闭城门，拆除周围的民房，又在城墙周围吊满了蘸了煤油的棉花球，夜里点着，以防八路军夜间袭击。

1945 年农历九月初九，我军在不得已的情况下对赤城展开了全面的攻击。董存瑞所在的部队参加了这次战斗。

冲锋号吹响后，董存瑞一马当先，冲在全连的最前面。来到城墙根后，在营连强大火力的掩护下，他和战友们迅速爬上软梯，首先登上了城墙，紧接着向城墙两侧射击，掩护其他战友爬上城墙。敌人渐渐支持不住，慌忙向城内逃去。城墙很快炸开一个缺口，部队像潮水一样涌了进来，敌人已无心再战，纷纷投降。白耀珍见势不妙，正准备弃城逃跑时，被我军活捉。

攻占赤城的战斗结束后，董存瑞所在的部队立即离开赤城，当走到河北龙川与大阁之间的堂子沟时，迎头碰上了一群四处奔跑的村民，行进中的队伍感到可能有情况，便立即停了下来。

董存瑞随手拉住一个跑得上气不接下气的老乡，焦急地问："老乡，怎么回事？前边发生了什么事？是不是又遇到日伪军了？"

"原本是的，可现在他们都变成国民党军了。简直是一群'遭殃军'哪！比以前还要坏！"这个老乡边说边不住地回头看，"他们都骑着马，正在到处抢东西哪！"

董存瑞义愤填膺，这和日本鬼子、土匪有什么两样呀！他想起连队在进行形势教育时领导讲过，现在的敌占区一片混乱，民不聊生。国民党部队正四处招降纳叛，接收日伪财产。不少当官的利用这一时机中饱私囊，发了横财；被招降的部队也是浑水摸鱼，借机敛财。

这时，部队接到命令：迎面冲来的，是一支被国民党收编的骑兵部队，正在这一带搜刮民脂民膏，如果遭遇，可出其不意，就地消灭。

只见连长拔出手枪，怒目圆睁，大声喊道：“各排按战斗队形散开，占领有利地形，注意隐蔽，准备战斗！”

全连迅速有序展开。这支耀武扬威、自诩为“国军”的骑兵，无论如何也想不到，眼下迎接他们的不是“财运”，而是一场“厄运”。就在他们拉着抢来的财物旁若无人地前进时，一阵雨点般的子弹突然迎面扫来。这队骑兵一下子慌了神，以为遇到了八路军的主力部队，一枪未还，掉头就跑。战士们见状，立刻从两侧的高地冲了下来，落马的“国民党兵”一个个乖乖地举手投降了。

董存瑞端着一支旧式步枪，飞快向前追去。

这时，他发现 100 多米远的小林地里，有一个敌机枪手跨上了一匹战马，正向不远处的一片林子逃去，眼看就要溜出视线了。他迅速举枪瞄准，只听“砰”的一声，没打中。敌人好像发现了追兵，急忙伏在马背上，拼命地催打着马臀。董存瑞见状，赶紧推弹上膛，对准马背又开了一枪。只见那马一个趔趄，后臀一扬，跪倒在地上，紧接着翻起了跟头。马背上的敌人随之被摔了出去，手中的机枪也甩出好远。

董存瑞见状，一边大声喊道："不许动！缴枪不杀！"一边迅速冲了过去。

敌人大概被摔蒙了，在地下顿了一会儿，才挣扎着爬起来。看见董存瑞向他奔来，赶紧向机枪边跑去。

当他就要抓起机枪时，只听距他只有十几米远的董存瑞厉声喝道："不许拿枪，要不然我开枪了！"敌人抬起头，看着黑洞洞的枪口，心有不甘地举起了双手。

董存瑞命令他退后几步，离开机枪，自己迅速上前将枪提在手中。这时，战友们也冲了过来。大家一看，高兴极了，原来这是日军使用的当时比较先进的"歪把子"机枪。

战斗结束后，连队急行军来到预定的宿营地。

刚要扎营，就听到当地群众报告，在村子一家大院里，住着一个排的"国军"，他们在村里抢劫一天了，明天可能撤走。

得知这一情况，连长马上召集骨干们开"诸

葛亮会”，研究对策，最后决定晚上“端锅”，由董存瑞所在的九班打头阵。

天刚一黑，六连就悄悄出动了，从四面包围了这座大院。

在班长的带领下，九班来到大院外面的墙根前。这是一个传统的北方四合大院，大门紧闭，院墙有 3 米多高，一般人很难上去。班长望着高墙，有些犯难。

“班长，让我先上吧！”董存瑞压着嗓子说。

班长看了看矮小的董存瑞问：“墙这么高，你能上去吗？”董存瑞肯定地点点头。

“要小心。”班长虽然批准了，但有点不放心。

只见董存瑞来到墙外的老榆树下，手脚并用，“噌噌”几下，爬到了树上，然后借助伸向墙头的粗壮树干，轻易地登上了墙头。

班长和战友们很是惊奇，纷纷向他投去赞赏的目光。他们哪里知道，董存瑞的这套本领，是从小开始练就的。

也许是认为这里有高高的院墙和严实的大门，或是有了“国军”的身份，这些“遭殃军”们连个哨兵都没有。

班长在墙头透过窗户看到里边的“国民党兵”正在喝酒行令，满屋子乌烟瘴气，便率先下墙，然后把大家一一接下，指挥大家用火力封锁了正门。

董存瑞悄悄地接近了房门。门虚掩着，他“咚”的一脚踢开了房门，高举手榴弹，大声喝道：“不许动，你们被包围了。”

满屋子的敌人被董存瑞这一举动吓蒙了。突然，一个军官模样的敌人掏出了手枪，董存瑞手疾眼快，随手拉燃手榴弹，投了过去。然后，一个转身跳出了屋子，只听“轰”的一声巨响，敌人鬼哭狼嚎，在屋里乱成一团。有的想往外冲，被班里其他战士的火力打了回去。

这时，院门已被打开，全连官兵冲了进来，向屋里大喊：“缴枪不杀，顽抗死路一条！”

敌人眼见无望，纷纷将枪扔出门外。这一小仗，炸死敌人一个，俘虏 17 个。事后连长听了九班长关于董存瑞表现的汇报后，高兴地说：“这小子还真有两下子，要好好表扬一下。”

董存瑞听了表扬后挠挠后脑勺，露出两颗小

虎牙，说：“他们太不经打了！”大家一听都笑了。

鏖战十五昼夜

1946 年 6 月，蒋介石撕毁停战协定，在美帝国主义的怂恿和援助下，挑起全面内战，向我解放区大举进攻。

这一年的 9 月 29 日，敌人从北平、热河、绥远三路进攻我冀察热辽解放区，企图占领华北重镇张家口。敌人的部署是东、西两面夹击：西线有傅作义的大兵团，东线是蒋介石从海上调到塘沽登陆的装备美式武器的第五十三军。他们自恃兵力强大，武器装备精良，向延庆发起疯狂进攻，企图通过延庆攻占张家口。根据上级战略意图，我军决定在延庆、怀来一带摆开战场，阻击南路和东路敌人的进攻。

董存瑞所在的二十四团，奉命于 10 月 3 日赶到延庆，阻击东线由八达岭进犯之敌。当时，二营担负延庆东门外水屯村的阻击任务，营首长安排四连为预备队，五连在村南，董存瑞所在的六连在村东小高地坚守。

经过日夜不停的连续奋战，六连官兵终于赶在敌人进攻之前，在高地上筑起了一人多深的拥有猫耳洞和各种射击掩体的战壕。大家凭着“寸土必争、寸土不让”的坚定信念，个个豪气万丈，静待敌人的到来。

这是董存瑞参军后打的第一个大仗。他心情虽然紧张，和大家一样缺乏对付拥有美式装备敌人的经验，但经过整训和战前动员，他坚信和战友们一起，一定能守住阵地，叫敌人寸步难行。

董存瑞杀敌心切，一边念叨一边探着身子朝山下瞭望。这时，前方传来连长的命令：“注意隐蔽，做好战斗准备！”

董存瑞刚钻进工事里，敌人的大炮就响了，一时间，敌人的炮弹像雨点般落了下来，刺耳的呼啸声、爆炸声响成一片。阵地上，弹片、树枝、石块、黄土四处乱飞扬。炮声一停，紧接着又有8架敌轰炸机飞到了阵地上空。又是一阵猛烈的轰炸和扫射。阵地上顿时硝烟弥漫，飞尘蔽日。趴在战壕里的战友们几乎都被灰尘覆盖了。

轰炸一停，战士们从土堆里钻了出来。董存瑞晃了晃头上的土说：“这叫啥本事，有胆量上来呀！”一个老战士擦着脸上的土说：“这帮孙子，仗着美帝送的飞机大炮想吓唬咱们，没门！”

“注意，敌人上来啦！”连长低声说道。

董存瑞看着蜂拥而上的敌人，握枪的手渗出了汗水，着急地对一旁的连长说：“连长，打吧！”

“沉住气，放近了再打！”连长沉着地回答道。

敌人越来越近，近得连鼻子脸都能看清了。这时，连长大喊一声：“打！”董存瑞瞄准冲在最前面的敌人，扣动扳机，敌人应声而倒。几乎同时，阵地上的步枪、机枪也响了起来，敌人顿时被撂倒一片。接着一排手榴弹被扔了出去，硝烟弥漫处，血肉横飞。

敌人受到猛烈阻击，一时魂都吓丢了。当官的掉头就跑，当兵的也跟着往回窜。董存瑞端起枪，瞄准一个放倒一个，一连撂倒好几个，嘴里还喊着：“我让你跑，我看是你的腿快，还是我的子弹快！”

敌人的步兵被打退了，飞机就来轰炸。战士们很快摸清了敌人的套路，飞机来了，就隐蔽在工事里，步兵上来，就狠狠地打。就这样，他们扼守阵地，打退了敌人一次又一次进攻。

晚上，连里召开战前动员会。连长说：“根据掌握的情报，敌人调集了十几辆坦克，协同步兵作战，明天的战斗会更激烈，为了有力打击敌人，连里决定组成反坦克组。”

董存瑞第一个站起来报名，连长说，反坦克组人员不宜多，连里已根据每个战士的特长选定了人员。

董存瑞没能参加反坦克组，他想，仗一打起来，情况千变万化，打坦克也不能只靠反坦克组，还是多准备两手为好。于是他从连部要来两根爆破筒，又把手榴弹分成三个一组捆在一起，全部放在自己身边。

第二天一早，敌人的炮击刚过，“隆隆隆”的马达声就响了起来，董存瑞探头朝阵地前方看去，果然有 10 多辆坦克朝阵地爬上来，每辆坦克后面跟着一群鬼头鬼脑的步兵。

等敌人靠近阵地时，六连阵地上的机枪、步枪同时开了火，强大的火力网封锁了坦克后面的步兵，只剩下坦克仍向阵地冲来。

连长一挥手，反坦克组的勇士们一跃而起，冲进坦克群中，眼看着几辆坦克被打得瘫在原地不能动弹，可后面的坦克又冲了上来。此时反坦克组的勇士手里已经没有多余的炸药包了。董存瑞见状，立即抓起身边的爆破筒，跃出战壕，迎着坦克冲了过去。

“轰”的一声，一辆坦克的履带被炸断了。

“轰！”又一辆坦克被炸得冒出火来。

见董存瑞连续炸掉两辆坦克，六连的其他战士一时士气大增，纷纷将手榴弹捆在一起抛向敌群。在强大的火力下，敌军死的死，逃的逃，剩下几辆坦克见势不妙，掉转屁股一溜烟逃跑了。

由于久攻不下，气急败坏的敌人将进攻的兵力一次增加到一个营，在没有讨到便宜之后，接着将进攻兵力增加到一个团，企图以绝对优势兵力打开二营所守的阵地。形势越来越严峻，部队伤亡也越来越惨重。此时，战前修筑的工事已被敌人炸平，阵地上仅存有一条小土沟。董存瑞跪在沟里，手拿两三颗手榴弹同时甩。阵地前到处是敌人的尸体。

一天一天过去，敌人反复朝我军阵地发起攻击，都没占到任何便宜。战斗进行到第 10 天时，国民党军学乖了，不再对据守高地的六连发起仰攻，而是利用猛烈炮火，集中攻击地势相对平坦的五连阵地。敌人依仗人多，疯狂地进行轮番进攻，五连伤亡很大。没多久，阵地便出现了险情。眼看阵地就要被打开缺口，营长命令六连留下部分人员坚守阵地，其他人员紧急支援。六连长命令离五连阵地最近的九班迅速从侧翼赶往五连阵地。

九班长大喊一声："兄弟们，快，支援五连！"

班长话音一落，董存瑞立即跳出了工事，因为他看到已经有几个敌兵摸上了五连阵地，五连的战士已经跳出战壕，与敌人展开了近身搏斗。

董存瑞一冲上五连阵地，就碰上一个大个子敌兵，这家伙人高马大，一脸横肉，见董存瑞身材矮小，根本没把他放在眼里，挺枪直朝董存瑞刺来。董存瑞怒视敌人，毫无惧色，大步迎了过去。敌人来了一个先下手为强，狠劲直刺，董存瑞麻利地向旁边一闪。敌人扑了个空，由于用力太猛，笨拙的身子向前倾倒下去。董存瑞顺势照准敌人的后心，上去就是一刺刀，结果了这家伙的性命。

五连的战士看到战友前来增援，越战越勇。很快，其他增援的战友纷纷前来，阵地上的激战迅速进入白热化，刺刀碰撞声、枪托砸击声、我军喊杀声、敌人惨叫声响成一片！在我军无所畏惧、善打敢拼的英勇战士面前，敌人心惊胆战、魂飞魄散！他们的手发抖了，腿发软了，一个个抱头鼠窜，纷纷败退下去。

五连阵地转危为安。来自不同连队的战士们在阵地上欢呼着，拥抱着，跳跃着。五连长紧紧地握着董存瑞的手说："好样的，你叫什么名字？"

"我是六连的兵！"董存瑞这时却腼腆了起来，笑了笑，又转身跑回了自己的阵地。

第 15 天，不甘失败的敌人向我军阵地发起更疯狂的进攻，敌指挥官们挥舞着手枪，组成督战队，像赶鸭子似的把士兵赶到我前沿阵地。战斗从上午持续到黄昏，打得异常激烈，我军伤亡也十分严重。

突然，一颗手榴弹在离董存瑞不远处爆炸了，他转脸一看，只见班长血流满面，已经负伤昏迷过去。九班没有班长的指挥，一时顾此失彼，敌人趁机在六连的阵地上撕开了一条口子，朝九班的方向蜂拥而上。看到敌人已经冲到眼前，董存瑞大喊一声：“兄弟们，不要怕，听我指挥，上刺刀！”说着跳出战壕，杀入敌阵。战士们心里顿时又有了主心骨，纷纷一跃而起，随着喊杀声，和敌人拼起了刺刀。

董存瑞虽个子不高，但身体结实，动作敏捷，只见他怒目圆睁，居高临下，将一个刚进入阵地的敌人捅了下去。刚转过身来，发现有 3 个敌人正端着刺刀朝他冲过来。这时硬拼，肯定得吃亏，董存瑞没等敌人近身，便手疾眼快，对准前面的敌人就是一枪，敌人脑袋当场就开花了。后边的敌人还没缓过神来，紧接着他又是一枪，第二个敌人也被他撂倒了。剩下的一个敌人气得嗷嗷直叫，疯了一般向他刺来。当刀尖向他捅来时，身材矮小的董存瑞一猫腰，将刺刀闪过，然后，趁势对准敌人的胸膛就是一刺刀。只听那家伙惨叫一声，笨拙的身体重重地倒在了地上。这时，班里其他战士冲了上来，敌人见势不妙，纷纷退了下去。在这次肉搏战中，仅董存瑞一人就拼掉了好几个敌人。敌人恐惧了，仓皇后退。九班在董存瑞的带领下，始终将阵地牢牢掌控在手中。

经过 15 个昼夜的鏖战，二十四团终于拖住了敌人，赢得了宝贵时间，掩护了地方政府和战备物资的转移，胜利完成了阻击任务。

部队在这次阻击战中，打得英勇顽强，受到萧克司令员的通令嘉奖。董存瑞作战勇敢，主动出击，在整个战斗中表现出色，受到团首长的表扬。

向党旗宣誓

部队撤出延庆后，根据上级指示，董存瑞所在团按“分散坚持、原地斗争、牵制敌人”的部署，仍然转战于龙关、赤城一带。

这年冬天，部队生活极其艰苦。有时一天要打几次仗，经常是跑了几十里地，刚把饭做好，敌人过来了，打一仗再转移到其他地方。就这样打打跑跑、跑跑打打，一天也很难吃上一口热乎饭。

在行军打仗最艰苦的日子里，董存瑞看到，每当最困难、最危险的关头，连里的党员总是冲在最前面。他不由想起了引导他走上革命道路的王平书记。王书记曾告诉他，共产党员是全心全意为穷苦老百姓打江山谋幸福的，关键时刻，共产党员总是把死的危险留给自己，把生的希望让给同志，把方便让给别人，把困难留给自己。王书记跟他讲的石主任的故事还时常在心头萦绕，他暗下决心，一定要像王平书记所说的那样，做个一不怕苦、二不怕死，为人民利益不怕艰苦、勇敢战斗，必要时可以毫不犹豫献出自己的生命的共产党员。

没过多久，部队转战到董存瑞的家乡。一天，他在村子里碰见了南山堡的民兵指导员，两人见面，分外高兴。指导员不停地打量着董存瑞，惊喜地说："精神！到了正规部队，就是不一样啊，入党了没有？"

董存瑞不好意思地说："还没有呢，离党的要求还差得远！"

指导员拍着董存瑞的肩膀说："我们南山堡出来的兵，个个都是好样的，加油，我等你的好消息！"

与民兵指导员分别后，董存瑞的心情久久不能平静。他真心渴望入党。他想起每次战斗中，尤其是战斗最激烈最艰苦的时候，都会听到排长或班长常喊的一句话："共产党员跟我上！"说完就带头冲了上去。自己参加革命，就是来消灭敌人的，也要像党员一样，冲锋在前，狠狠消灭敌人。想到这里，他再也忍不住了，跑到连部，见到指导员郭成华就说："指导员，我要入党！"

指导员望着这个入伍以来表现非常优秀的小战士，微笑着拍拍他的肩膀，然后说："你先说说，为什么要入党！"

"干革命，不入党咋行？我要像连里的党员那样，战斗中打恶仗，打硬仗，我要冲在最前面去消灭敌人！”

“你是革命战士，不入党也可以做到这样啊！”指导员笑着说。

“不，我就是要入党，我要像个真正的党员那样，为党打仗，为党流尽最后一滴血。”董存瑞说到最后，急得满脸通红。

指导员说：“积极要求入党是好的，但这还不够，还要努力提高对党的认识，提高思想觉悟。入党并不光是杀敌时冲在最前面，这只是党员模范带头的一个方面。中国共产党是无产阶级先锋队，共产党员要为实现共产主义理想而奋斗终生。”

接着，指导员又为他讲了党的性质、纲领和党员的义务，鼓励他向党员同志学习，处处严格要求自己，争取早日加入共产党。

这番话如醍醐灌顶，解开了董存瑞思想上的一些困惑和误区，他下定决心，一定要用实际行动，递交一份合格的入党申请书。

1947 年 3 月，部队在牛栏山打了一仗，然后转移到沙峪村、渤海所村一带整训。一天，董存瑞刚从房东老大娘的菜园子干完活回来，就见指导员郭成华招呼他。董存瑞猜想指导员一定有什么重要的事情要对他谈，便赶紧跟着指导员走到村外，两人在山坡的一棵小松树旁坐了下来。

郭指导员先拉起了家常，然后提出了一个十分庄重的问题："存瑞，你还记得上次提出要入党的事吗？"

董存瑞一愣，立刻不好意思地说："记得，那时我还不明白什么才是真正的共产党员，现在，我做得还不够……"

郭指导员笑了笑，接着说："你当兵后，组织上认为你进步很快，能够严格要求自己，无论学习、战斗、训练、群众工作，样样走在前头，同志们对你的反映都很好。现在我和二排长愿意做你的入党介绍人，党支部打算吸收你加入党组织。"

董存瑞望着指导员，激动得说不出话来。从参军第一天起，他就把连队当成自己的家，把党看作自己的母亲。只是上次和指导员谈完话以后，他觉得自己离真正的党员还有很多差距，现在，这个几年来日夜挂在心头的愿望就要实现了，他一时不知说什么好，他抓着指导员的手，诚恳地说："我做得还不够，离党的要求还差得很远。"

郭指导员望着董存瑞兴奋、激动的眼神说："我非常理解你此时的心情，如果党组织批准你入党，你要更加努力工作，用实际行动来回报党对你的信任和培养！这是党给了你新的生命，你要为党的事业奋斗终身啊！"

董存瑞两眼湿润了，说："请指导员放心，为了党的事业，我一定冲锋在前，绝不退却，吃苦在前，享受在后，不怕艰苦困难，不怕流血牺牲！"

几天以后，连队党支部召开党员大会，讨论董存瑞的入党问题。董存瑞第一次参加这样的会，一颗心激烈地跳动着。

会上，开始由介绍人介绍董存瑞的情况，然后大家讨论。会场气氛很热烈。大家列举了董存瑞入伍后一系列表现，认为他作战勇敢，工作积极，团结同志，爱憎分明，不怕困难，纷纷表示同意吸收他入党。有一件事却引起了争论。原来，有个党员说，有一次连队杀猪改善生活，炊事班的同志把猪心另炒了个菜，给连部送去了，就为这点事，董存瑞对连队干部提出了批评，说干部不应该搞特殊。这个党员说，董存瑞这样做，是对连队干部不尊重，缺乏阶级感情。

还有的同志说，连首长天天带着我们行军打仗，日夜操劳，比谁操的心和受的累都多，多吃个猪心是应该的，董存瑞这是大惊小怪。

大家一时为这件事争来争去，这时六班长站了起来，大家静了下来。六班长威信高，说话做事一向稳重，他看了看在座的同志，然后说："确实有这件事，如果因此就说他对干部不尊重，我认为不对。"

大家诧异地抬起头。六班长接着说："有一次董存瑞去执行任务，一天下来饭没沾牙，饿得直打晃，别人送他几块年糕，可他想到连首长也饿了好几顿，他一口没舍得吃，带回来送到连部。同志们，这叫缺乏阶级感情、不关心不尊重连队干部吗？"

会场一时静了下来，大家谁也没有说话。

连长站起来说："我想起来了，确有此事，当时我和指导员还为这事批评过炊事班的同志，不能为我们搞特殊。一个猪心虽小，可董存瑞给我们提了个醒，他是希望我们干部不要脱离群众，要和大家同甘共苦，并肩战斗。同志们，这才叫真正的尊重干部、爱护我们干部啊！不然，我们犯了错误还不警觉、不自知，没准会犯更大的错误！”

连长的话说完后，在座的党员鼓起了掌。最后大会表决：一致同意吸收董存瑞为中国共产党党员，候补期3个月。不久，上级党委就批准了连支部大会的决定。董存瑞这个朝气蓬勃的年轻战士，从那一天起，正式成为一名光荣的中国共产党党员。

举行入党宣誓那天，墙上端端正正地悬挂着鲜红的党旗，耀眼的阳光透过窗口照射在党旗上，映红了董存瑞年轻英俊的面庞，他显得更加朝气蓬勃了。在这庄严的时刻，他站立在党旗面前，眼睛里闪着激动的泪花，昂首挺胸，右臂举起，紧握拳头，向党旗宣誓！在战火硝烟的洗礼中，董存瑞日渐成熟起来。

首立战功

1947 年 3 月下旬，传来一个令人震惊的消息：胡宗南率 20 多万国民党军侵占了延安！

没过多久，上级发来的快报又传达了一个振奋人心的喜讯：撤出延安仅 6 天，毛主席就指挥西北野战部队，在青化砭消灭了胡宗南一个旅，活捉了旅长李纪云。

这些消息在各部队引起了轰动。在学习完上级的有关指示精神后，董存瑞高兴地问连长："我们什么时候也打个大胜仗，给党中央报喜？"

连长笑着说："好像就你着急似的，等逮住了机会，可得好好打！"

战斗任务终于下来了，上级决定由二十四团担任攻打察北重镇独石口的任务，以打击敌人的嚣张气焰。董存瑞高兴得又是磨刀，又是擦枪，嘴里念叨着："一定要打个大胜仗，向毛主席报喜！"

部队沿着山谷，向独石口奔袭。董存瑞嫌走得不快，一个劲鼓励班里战士加快步伐，不一会儿就把带路的老大爷甩在了后面。带路的老大爷见董存瑞那股冲劲，就打趣地说：“小伙子，你这是往哪儿冲啊！”

“往哪儿冲？当然是去消灭国民党反动派！”

“好，就冲咱们解放军这股劲头，国民党军他就长不了！”老大爷说完爽朗地笑了起来。

第二天天黑之前，董存瑞所在团就包围了独石口。六连也静悄悄地来到镇外的西南山下，准备抢占山上的制高点。不料敌情已经发生了变化。原来独石口的敌人正在换防，一个步兵团还没有走，新来的一个骑兵团已经赶到，两个团挤在一起，兵力增加了一倍。

听到这个情况，战士们的斗志更旺盛了。个个摩拳擦掌，准备随时投入战斗。大家纷纷议论着。

有的说：“两个团，这是两块肥肉加一块了，够肥的，值得打一回！”有的说：“你先别高兴，情况有变化，就怕这仗打不上了。”

“要我看，这仗肯定能打。”董存瑞信心满满地说，“现在敌人还不知道我们来了，正在睡大觉，正好可以出其不意打个歼灭战。”

正说着，连长走过来对二排副排长说：“山上有刚换防的一个加强排的敌人，你带领3个战士先解决掉敌人的哨兵，记住，不准放一枪，免得惊动城里的敌人。”

连长刚把任务布置完，董存瑞抓起枪早已站在副排长身边了，硬是把这个任务抢到了手。

乘着夜色，副排长带领董存瑞和另外两名战士向山上摸去。他们沿着羊肠小道，借着树林的掩护，摸到离敌人哨位不到50米的一处山丘下隐蔽下来。

山上有一座残破的碉堡，一半已经垮塌了，只有半人多高，碉堡前有两个黑影，正是敌人的哨兵，一个在原地打转，一个向前走几步，又转身往回走。两个哨兵的胆子都很小，一有风吹草动，就抽风一样大声嚷嚷。

董存瑞细心地观察了一会儿，小声对副排长说：“看样子这两个家伙刚上岗不久，过一会儿可能就要松懈下来。”副排长点点头，示意大家耐心等待。

两个哨兵转了一会儿，没发现什么动静，然后缩着脖子钻进碉堡里避风去了。董存瑞趁这个机会，悄悄爬到碉堡跟前，朝里一看，那两个家伙正抱着枪打盹呢。董存瑞一个箭步蹿进去，枪口对准哨兵，压着嗓子喝道：“不许动！”这时副排长和另外两个战士一齐冲进来，缴了两人的枪。

从俘虏嘴里得知，敌人还有一个排在不远处的地窖里睡觉，董存瑞立即向连长发了信号。随后连长带领部队迅速冲上来，将睡梦中的敌人全部俘虏，占领了西南山的制高点。

天刚拂晓，敌人设在山上周围的阵地，也先后被兄弟部队悄悄摧毁。紧接着一声令下，我军趁敌人换防之际立足未稳，居高临下从四面八方向镇内敌人发起强大的进攻，炮弹、子弹如雨点般向城里袭来。敌人很快招架不住，企图弃城逃跑，刚出城门，就被我军设在四周山上的火力压了回去。前无逃生之路，又无后路可退，敌人所有兵力及武器压缩在地势狭窄的镇内无法展开，互相踩踏，死的死，伤的伤，最后在我军强大的攻击下，悉数被歼。冲锋中，董存瑞跑在最前面，打得最勇猛，表现也最突出。

取得独石口战斗的胜利后，部队越过长城，准备在运动中歼灭另一股敌人。部队翻山涉水，穿村过镇，马不停蹄走了一程又一程，积极寻找战机。

随后的一天，天刚蒙蒙亮，部队正在行军，经过一个村庄时，前方传来准备战斗的命令，紧接着，枪声响起。

董存瑞听见枪声，一下来了精神。“转了这么久，终于找到敌人了！”他端着枪，冲在最前面，朝枪声最激烈的地方冲去。

敌人是张北方向过来的一个骑兵团，昨天经过这里时天色已黑，就地宿营。上级收到情报，决定趁敌人大部分还处于睡梦中，速战速决，就地歼灭这股敌人。

部队正往前冲，突然，敌人一挺机枪从对面围墙上迎面扫来，冲锋的道路被阻。董存瑞一见心急如焚，如果不迅速拿下这个火力点，敌人可能趁机备马上鞍，接下来的战斗可能会更加艰难。正寻思着，就听排长命令道：“六班长，马上干掉这个火力点！”

“我去！”董存瑞应声而出，手里掏出两颗手榴弹。

“好，机枪掩护！”班长的话音刚落，就见董存瑞扔出一颗手榴弹冲了出去。在机枪的掩护下，他利用地形地物，灵巧地躲避着敌人的火力，迅速接近围墙，就势又扔出一颗手榴弹。但围墙是两道，敌人的机枪在第二道围墙后面，手榴弹没有炸到。

董存瑞见手榴弹没有炸到敌人，趁敌人换子弹的间隙，纵身跳过围墙，一下子滚到第二道围墙下。他抬头一望，这墙不到一人高，墙上有个缺口，敌人的机枪就在那里喷火。他习惯性地将手摸到腰间，才发现手榴弹已经用完了。怎么办？来不及多想，必须赶紧将敌人的机枪夺过来，不然，让它多存在一秒钟，就会有无数的战友倒下。董存瑞探了探头，一排子弹打了过来。无论如何也要将敌人的机枪打掉，实在不行，就扑上去，哪怕牺牲，也要完成任务。他咬了咬牙，正要起身，这时，班里的火力集中朝敌人射来。原来战友们明白了他的意图，立即进行火力掩护。他立即抓住这个难得的机会，身子紧贴着墙，躲在火力死角，眼盯着正在发射的枪筒，猛地一跃，伸手紧紧抓住不放。已经打红的枪筒烫得手掌冒起了烟，他咬牙忍着钻心的疼痛，脚往墙上一蹬，双手使劲一拉，硬生生地把那挺机枪夺了过来。这时，他不顾手上的疼痛，立即翻过第二道围墙，端起机枪，冲进了村庄，用机枪的火力，打开了一条通道。

“同志们，冲啊！”

“缴枪不杀！”

部队从四面八方涌来，利用快速的穿插，把敌人打得慌忙逃窜。枪炮声中，敌人的战马受到惊吓，开始四散奔逃，街道上，巷子里，到处都是没头没脑狂奔的军马，没负驮子的骆驼，刚装上东西的车辆，散落一地的成箱烟土……敌人的骑兵团在我军旋风般的冲锋和打击下，全部被消灭。

战斗结束后，六连开了战评会。结合董存瑞之前的战斗表现，尤其是这次战斗中勇夺敌人的机枪，为战友们开辟前进通道的表现，记了一次大功。

庆功会上，团首长亲自把一朵大红花和一枚奖章戴在他胸前，战友们用热烈的掌声祝贺他取得的成绩，而董存瑞却腼腆地说，我离毛主席所说的好战士还差得远呢！

副班长

1947年10月，董存瑞调到八班任副班长。

宣布命令前，指导员专门找他谈话，告诉他八班班长在后方医院养伤，要他从今以后不仅要起到一个老兵和党员的作用，还要起到一个班长的作用。不仅作战技术水平要高，还要善于做思想工作，团结同志。

董存瑞细心地听着，每句话都牢牢地记在心里。他感到肩上的责任重了，作为副班长，除严格要求自己、处处起模范带头作用外，更重要的是团结好全班战士，调动大家的积极性，发挥集体的力量。

入夏以来，人民解放军在全国各个战场都取得了巨大的胜利，解放区内打土豪、分田地的土改热潮也一浪高过一浪，翻身农民纷纷走出家门，加入到革命的滚滚洪流中来，连队补充进来的新战士也越来越多。这说明，离“打倒蒋介石，解放全中国”的日子已经不远了。

一天下午，董存瑞正带着全班战士一起从训练场上往回走，突然接到连队通知：又有一批新战士到了部队，很快就分到班排。董存瑞心里十分高兴，不知不觉加快了脚步。

一回到班里，他就和大家一起打水、扫地，还把全班最好的铺位腾了出来。收拾妥当，董存瑞正准备出门去迎接，一高一矮两个新战士就被排长带到了门前。

高的叫郅顺义，长得很壮实。矮的叫刘钧，看上去单薄瘦弱。董存瑞从上到下打量了一下，赶紧把他们拉到了屋里，又是搬凳又是倒水。全班战士也都围了上来，问长问短，非常热情，使两位新战士感到了家庭般的温暖。

晚上，根据连队安排，各班召开了欢迎会。

八班在董存瑞的组织下，首先让老兵给两位新战友讲了各自的情况，自己也代表班里对每个老兵的脾气秉性、部队的情况及军事常识等作了介绍。

紧接着是新兵。

在大家的掌声中，郅顺义谦让地对刘钧说："你先说吧！"刘钧一下子脸红了，赶紧说："你先来，你先来！"

郅顺义到底年龄大多了，人显得比较成熟，说话比较放得开，所作的自我介绍像讲故事一样，大家听来很有意思。当他说到自己已经 29 岁了，家里有父亲、老婆和一个儿子时，大家都惊讶起来。

这时，不知谁说了一句："哎呀，都是叔叔辈的人了还来参军！"全班战士"轰"的一声笑了起来，一时让郅顺义闹了个大红脸，恨不得找个地缝钻进去。

董存瑞赶紧打圆场说："参军不分先后，革命还分年龄大小吗？”

班里的战士立刻止住了笑声。当大家听了郅顺义入伍前的经历后，便只有钦佩的份了。

郅顺义出生在一个贫困的家庭，家乡刚一解放，就积极参加了革命工作，还当上了村干部。他几次要求参军，都没能如愿。这次，他送村上几个年轻人参军时，就暗暗下定决心，等到了部队，就连自己一起也交了出去。负责征兵的干部一看名单里没有他，说啥也不同意接收，郅顺义急得直哭。后来，惊动了部队首长，看他参军心切，态度又如此坚决，才给了他一个特批。

他的当兵经历，赢得了阵阵掌声。都夸他当兵当得很勇敢、很巧妙，也很有智慧，在战场上也一定会是好样的。

轮到刘钧发言时，就拘束多了。毕竟年龄小些，又第一次当着众人讲话，不管大家再怎么用热情的目光送去鼓励，他心里还是不停地打鼓，紧张得要命。说是自我介绍，其实算一问一答。

通过问话，大家知道，他的家就在离隆化城不远的碱房乡燕子窝村，16 岁了，家里很穷，念过几年书。现在家乡解放了，分了好几亩地。家中有爷爷、奶奶、父母，自己下面还有个妹妹。

看着刘钧这么小，老兵们纷纷逗着趣提问："你看上去这么小，该不是偷着跑出来的吧？"

刘钧一听有些急，忙说："哪能呢？我可是正经出来的！"说罢还看看偷跑出来的郅顺义，一副自己很正宗的样子。一下子全班笑得前仰后合。

"那你家里同意不？"

"父母亲同意，奶奶舍不得，因为我是家中单传的男丁。"

"舍不得怎么办呢？"

"不停地哭呗！不过大家劝劝她就不哭了。我们村里年轻人当兵的可多了，争还争不上哩！"

"你这么瘦弱，打仗怕吗？"

"不怕！"

……

欢迎会的气氛热烈、亲切，大家之间的感情距离一下子拉近了许多。

董存瑞发现，两人身上穿的都还是老百姓衣服，又破又旧，有的地方还露出了肉。郅顺义的两只鞋裂开了“大嘴”，脚指头在外面露着。刘钧居然连鞋也没有穿，说是太破，半路上扔掉了。由于当时军需供应十分紧张，两人的军装还不知什么时候能发下来。

大家纷纷解囊，给他俩进行了“武装”。

董存瑞倾其所有，献出了自己仅有的一套半新不旧的军装和两双新鞋。不一会儿，两人便穿上了参军后的第一套大家捐献的军装，心里感到无比自豪。当他们抬头再看董存瑞和老兵们时，一股股暖流涌上了心头。原来，大家身上穿的军装比他们的还旧，几乎每件都打了补丁。

欢迎会后，董存瑞又单独和两位新战友谈心，拉家常，让他们尽快熟悉部队情况，成为合格的战士。看到董存瑞这位年轻、干练的副班长如此和蔼可亲，两位新兵纷纷表示，一定要好好干，给班里争光。

此后，身为副班长的董存瑞就自觉地担负起了帮扶的责任。一有时间，就教他们射击、投弹、刺杀、队列、勤务等基本常识。时间不长，两人的军事素质就有了很大提高。就连站岗放哨需要注意哪些事项，都能记得清清楚楚：夜间站岗，要特别注意隐蔽自己，要站在视界好又不易被敌人发现的暗处；问口令时，要短促、洪亮；问完后要立即变换自己的位置，以防意外；遇到生人需要盘查时，要叫他拍着手走过来。

时间久了，大家感情日渐加深，有什么思想问题也都愿意给董存瑞讲。

一天，郅顺义对董存瑞说了一个自己始终不解的问题：每次站完岗后为什么还要把枪还给老战士呢？为什么就不给自己发一支枪呢？然后提出了要求：“副班长，你跟领导说说，我一心一意来参军，就是为了保卫革命胜利果实，杀敌人多么需要一支枪啊！发给我一支吧！”

董存瑞听后，很理解新战友的心情，于是就先给他讲了自己有枪的经历。郅顺义明白了，于是就天天盼着打仗，想早点缴获一支枪。

机会终于来了。一天，部队在玉皇山下和敌人接上了火，八班担任了反击任务。郅顺义头一次参加战斗，拿着 4 颗手榴弹就冲上了敌人的阵地，缴获了 1 支敌人的步枪，终于武装了自己。

新战士刘钧入伍不久就开始想家，有时晚上想着想着就哭起来。

董存瑞发现后，晚上就挨着他睡，给他讲部队里的故事，讲他自己当兵以来的经历，讲打倒蒋介石、解放全中国的革命道理。让他懂得，想家是人之常情，但要当好一个解放军战士，必须舍小家为大家，注意在战斗中磨炼自己，早立战功，只有这样，才能使家中的父老乡亲放心。

当发现刘钧年龄虽小但特别爱学习的特点时，董存瑞就主动和他一起学习讨论。一次上军事课时，团里干部讲了句“两军相遇勇者胜”的话，刘钧感到不理解，来问董存瑞，董存瑞想了半天，从理论上也说不明白，于是就给他讲了个不久前亲身经历的一个战例，这让刘钧几十年后仍印象很深。

这年初秋，也就是刘钧当兵的两个月前，二十四团奉命从四海镇出发，绕过敌人占领的永宁镇，去攻打 40 多里外敌人的据点——旧堡。

六连为尖刀连。那天行军的序列是：前面是尖兵班，由九班担任。后面是一、二、三排。行军 20 多里后，遇到一段日伪时期敌人依山挖掘的封锁沟。这段封锁沟东西走向，两侧是一人多高的高粱地。西南方向有一条小河自北向南流过，在小河转弯处有一块不大的洼地。

当时部队在沟内由东向西行进，连长王万发和通信员在沟沿走。突然通信员说：“连长，左边有敌人！”王连长一看，有上百个敌人正在挖工事，距他们不到 100 米。由于连队全在沟里行进，敌人也未发觉。

怎么办？要是被敌人发现就被动了，因为连队在沟下，敌人在沟上，地势对我极为不利。

王连长立刻拔出手枪，和通信员跳到沟下，一边让通信员返回向营部报告，一边命令司号员吹起冲锋号。走在前面的尖刀班立刻爬出封锁沟冲了过去，后面的几个排也随即喊杀着跟了上来。敌人猝不及防，很快被冲垮了，扔下了许多枪支和弹药。

部队追了不远，发现在一个大斜坡下，还有四五百个敌人正乱作一团地向后逃。敌人被突如其来的攻击弄蒙了，吃不准究竟来了多少解放军，只顾逃命。就这样，我们几十号人的一个连，将五六百个敌人打得稀里哗啦，丢盔卸甲。

追了好一阵，敌人才反应过来，但由于不知底细也不敢贸然反攻。这样和敌人相持了一个多小时，团主力赶来了，开始从两侧包围过去，敌人这才向永宁镇据点逃去。

这次战斗，我一个连勇敢地冲向毫无准备的敌人，短短时间内，歼敌 100 多，缴获 1 门迫击炮，1 挺重机枪，10 多条加拿大冲锋枪，1 个迫击炮身，1 个重机枪架。

董存瑞讲完后，告诉刘钧说："这是一次典型的遭遇战，在敌人不知底细的情况下，必须猛冲猛打。你越这样，敌人越害怕。"说到这里，董存瑞语气里充满了自豪："我们尖刀班那会儿可风光了，就七八个人，呼喊着冲了过去，敌人连手都未还，首先就是逃命，以为我们身后有千军万马，已经将他们包围了哩。"

刘钧听了这个故事，明白了两军相遇勇者胜的道理。只有勇敢出击，攻敌不备，才能以弱胜强，取得胜利。从此，刘钧心里更加佩服眼前这个副班长了。

爱民模范

1948 年春，人民解放军在全国各个战场上都已取得了主动。由于战斗频繁，部队经常在陌生的村庄过夜，甚至住在老百姓家里。董存瑞看到，人民群众非常支持和拥护解放军，不论走到哪里，总是尽其所能提供帮助。董存瑞非常珍惜这种军民鱼水深情。每到一个地方，不论住在谁的家里，他都会和大家一起，帮助老乡挑水，扫地，打柴，做农活，严格遵守“三大纪律”“八项注意”。

4 月的一天，六连急行军途经一个村庄，傍晚宿营时，根据连队安排，董存瑞派了一个战士到宿营地后面挖厕所。谁知挖好后，指导员郭成华认为位置不行，离老乡住户太近，让再远点重挖。这个战士想不通，说什么也不想重挖了，认为只住一个晚上，挖近点大家方便，再说行军一天了，也实在挖不动了。

董存瑞知道后，二话没说，扛起铁锹，在较远的地方重新挖了一个厕所。

为了教育全班战士，晚上董存瑞召开了班务会。一开始他并没有批评这位战士，而是主动作了检讨。他说：“今天挖厕所位置不当，是我的责任。我只布置了任务，而没有指明具体地点，也没有讲挖厕所时的注意事项，我向全班作检讨。”接着他说：“咱们是人民子弟兵，事事处处要为人民着想，严格执行群众纪律。你们想想看，厕所距老百姓住户太近，不论有没有味，总是不好，老百姓会感到你不尊重人家。挖远一点，我们是有点不方便，但老百姓知道了会感谢我们，会说我们心里有他们。为什么无论走到哪里人民群众都拥护我们，就是因为我们处处想着他们。”

一番朴素的话，深深打动了那个战士。他站起来惭愧地说：“班长，我错了，我有怕累的思想，我眼里没有群众，今后一定改正！”

董存瑞接着说：“这就对了，咱们是军人，走到哪里，都要想着群众的利益。如果我们不尊重他们，那我们和正在被消灭的国民党军还有什么区别呢。再说，一切行动听指挥，指导员说重挖，那就得坚决重挖，不能讲价钱。”这次班务会开得很生动，大家都很受教育。以后不论走到哪里，全班战士都非常注意群众纪律，再苦再累，也不让群众有意见。

有一次，他们行军一天到达宿营地，六班负责山头警戒。山头风很大，连树也没有，只住了一户老百姓。他们到来后，立刻帮这家农户挑水，扫院子，打柴火。而后全班在院墙外一个角落处打了个地铺。老百姓发现后，十分感动，主动腾出一间屋供六班睡觉。

随后不久，部队奉命向隆化城进发。董存瑞所在的第三十二师九十六团为先头部队，逢山开路，遇水架桥，为后续部队打前站。

一路上，部队过关夺隘，所向披靡。沿途国民党兵未做像样的抵抗，一触即溃。敌人每次逃跑时，都会丧心病狂地烧杀抢掠一番。因此，我军沿途所到之处，都是满目凄凉，房倒屋塌，百姓流离失所。董存瑞和战友们每每看到这一情景，都会心如刀割，倍感难受。

5月12日这天中午，担任二营尖刀班的六班在董存瑞的带领下，正在大部队前头搜索前进，刚转过一个山垭口，来到承德县荞麦地沟村，突然发现村里浓烟滚滚、火光冲天。

“又是蒋军烧村子了。”愤怒的他顾不上多想，立刻带领全班，向村庄飞奔。此时的他已忘记了多日连续行军的疲劳，奋不顾身地加入了乡亲们的救火行列。忽然，他身后传来了凄厉的“救人哪，我的孩子呀……”的呼喊声，他转身一看，一位大嫂正拼命地往一处着火的房屋里闯，董存瑞见状赶紧上前拉住大嫂：“不能进，太危险了。”

“我的孩子啊！我的孩子啊！”

大嫂撕心裂肺的呼喊声，让董存瑞明白了什么。他抬头看看，被火点着的草房上，噼噼啪啪的火苗蹿得老高，热浪熏烤得人无法近身。他赶忙解下身上的子弹带和手榴弹，毫不犹豫地钻进火海。由于屋里全是烟火，不知孩子在什么地方，加之自己身上已经着火，两眼流泪，头皮钻心地疼，董存瑞被迫退了出来。在外面的人帮助下，董存瑞很快灭掉了身上的火。然后抓过一桶水，“哗”的一下

从头顶浇下，一转身，又迎着浓烟第二次钻进了屋里。

屋里的火烧得更旺了，浓烟呛得人喘不过气来，熏得人眼泪横流，看不清东西。这时，他仿佛听见了孩子的哭声，赶紧循声摸去，在一口水缸附近找到了孩子，便一把将孩子抱在怀中，用脚蹬开挡在前面的一根火柱，迈上窗台，一咬牙纵身从窗台上跳了下来。

脚刚落地，便听到身后传来“轰”的一声闷响，一股热浪裹着烟尘从背后把董存瑞推出几步远。董存瑞扭头一看，不禁出了一身冷汗：好险哪，在他跳出来的那一刻，房子也烧落了架，屋顶塌了下来。如再晚一步，他们就危险了。

“恩人呀，留下名字吧，我和小孩忘不了你！”

“我们是解放军，救人是应该的。大嫂，赶紧照看好小孩吧，她可能受惊了。”

董存瑞说罢，就和随后赶到的战士们一起，帮助其他老乡救火。在大家的共同努力下，村子里的火势终于被控制住了。

被救的是一个小女孩，当时才3岁，名字叫

郭玉芝。

若干年后，人们整理英雄董存瑞故事时，被救小孩子的姑姑郭艳华曾有过详细的介绍。

她说，当时她还是一个刚刚 12 岁的小姑娘。那一天，远处山上不时传来枪炮声，不一会儿就来了许多国民党兵，四处抢劫。村里的男人们都跑了，生怕被抓壮丁。她当时在嫂子家里，嫂子有病，在屋里坐着，小玉芝在床上睡觉，见到处是匪兵和火光，吓得不敢出门。两三个小时后，好像是解放军来了，匪兵闻讯赶紧逃走了。只听到外面乡邻们的喊叫声。这时，有人敲她家的门，大喊说："快出来，房子着火了。"她打开门跑出去一看，火已在房上烧起来了，火乘风势，风借火威，顷刻间，大火在院内彼此相连的房子上疯狂地燃烧着。她忙进屋搀扶起嫂子，嫂子也随即抱着孩子往外跑。出来后大嫂低头一看，原来由于慌张，抱的不是孩子，而是个枕头。此时屋内浓烟弥漫，什么都看不清了。于是嫂子着急了，立刻在院子哭喊起来："救人哪！我的孩子呀！"喊着喊着就想往屋里闯。这时，只见一个矮个子解放军战士突然出现在眼前，拉住她后，不顾一切地冲进了燃烧的房子里……

这个真实的故事，被拍进后来的电影《董存瑞》里，不过电影里的小姑娘名字被改成了马玉兰。

在那战火纷飞的年代，董存瑞时刻牢记自己是一个人民子弟兵，在危险时刻，总是奋不顾身，舍己救人。

就在这次救小玉芝前，连队还流传着一个董存瑞被认干爹的故事。

那是1947年的二三月间，部队刚刚打完一仗后来到一个叫前后桥梓的村庄。早晨在村头一棵花椒树下吃饭时，大家看到一个两岁多的小男孩，从家中蹒跚着跑出来。那小孩白白胖胖，挺招人喜欢。只见他手里拿了件沉甸甸的东西，尾巴上有条小细线，边跑边玩，并朝人群奔来。

开始大家并没有在意，只听见董存瑞惊叫一声“不好”，撂下饭碗就奔了过去。原来细心的他看到小男孩手里提的是一颗可能是敌人逃跑时丢下的手榴弹，拉环已露出手柄，危险随时可能发生。

就在董存瑞向他奔去时，危险已然发生。小男孩手中的手榴弹冒起了白烟，原来他大概觉得那环挺好玩，便拉了一下。听见“哧哧”的声音，小男孩蒙了，傻站在那儿抱着手榴弹不动了。就在这万分危急的时刻，董存瑞飞奔而至，左手夺过手榴弹，一下子就扔到了旁边的泥坑里，顺势用右手把小孩按倒在自己身下。紧接着“轰”的一声，手榴弹爆炸了。这一切都是在很短时间内发生的，大家还没有反应过来，小男孩已经得救了。

大家赶紧围了上来，幸而董存瑞和小男孩都没有受伤。村民们听见爆炸声，也纷纷赶了出来。小男孩的父母也在其中，当知道事情原委时，当即就给董存瑞跪下了，哭着感谢说，我们祖上三代都是单传，是您救了我们全家呀！接着让孩子给董存瑞磕头，非要认他做干爹不可。

董存瑞一听，急得满脸通红，说啥也不敢答应，说自己是属小龙的，说是 19 岁，其实还不满 18，怎么能当干爹呀！后来连队干部来了，给老乡解释说，董存瑞自己年龄也不大，当干爹不合适，再说人民军队里也不兴这个，这才把认干爹的事推掉。

次日，二营首长决定在村外召开全营军人大会，以便利用这个机会对前段的战斗进行总结，对群众进行再发动。

部队开会的消息像一阵风似的传到了村里，许多老乡赶了过来。人们或蹲或站布满了一个很大的打麦场。

大会刚进行了一半，只见一位50多岁的老大娘在战士们的簇拥下，走上了主席台。她拉着营领导的手，声泪俱下地控诉国民党军队杀害她一家三口的罪行。说到她的丈夫因为给解放军带路而被国民党军捆去杀死时，已泣不成声，不少干部战士也落了泪。

这时，昨天被救的小玉芝的母亲也来到了战士中间，非得让连队干部帮她找到她孩子的救命恩人。在她的一再要求下，连队干部把她拉到了董存瑞面前。这位大嫂一见到董存瑞，没等说话，眼泪已经夺眶而出。她一边抹着眼泪，一边将家中仅有的10个红皮鸡蛋放到了董存瑞手中。接着，小玉芝的母亲和另外几家被害的烈属代表，也控诉了国民党军队的残暴罪行。

在一旁听着的董存瑞，这才知道，玉芝的父亲姓郭，也是个共产党员，一直在领导着本地的武装斗争，曾给部队提供过很多隆化城内敌人的情况。但在最后一次送信时，不幸被敌人发现而惨遭杀害。

听了乡亲们的控诉，部队官兵群情激愤，口号声此起彼伏。

“为烈士家属报仇！”

“为全热河的人民报仇！”

“为牺牲的战友报仇！”

“天下的穷人是一家！”

“解放隆化，消灭蒋匪军！”

当天晚上，队伍出发，直奔承德西北的隆化城。战士们怀着一颗坚决报仇的心，准备迎接一场更为激烈的战斗。

细心的郅顺义发现，董存瑞的枪托上，贴着一张小纸条，上面工工整整地写着一首小诗。

天下穷人心连心

人民战士为人民

坚决讨还冤头债

誓把敌人消灭在隆化城

围歼敌“王牌师”的战斗

1948 年 1 月，人民解放军在各个战场上的形势越来越好，主动进攻的仗越来越多，部队的斗志也越发高涨。打大仗、打恶仗的请战书，从基层连排到师团经常是层层递交。董存瑞和战友们一样，也是求战心切，时时刻刻向往着奔赴炮火连天的战场，去迎接新的更大的胜利。

这天，一场大仗又来了！

根据秘密情报，国民党的一个“王牌师”要途经四海地区，去救援另一部即将被我歼灭的敌人。冀察热辽军区部队决定采用我军典型的围点打援战术，利用这一时机，组织围攻，力争全歼这支准备去救援的敌军。命令下达后，各部队立即进行思想和战斗准备。

不久，这一战斗终于打响了。这天，敌人从永宁向四海一带奔来，我军则从大胜岭到黑汉岭一线摆好阵势，准备诱敌深入。六连的阵地就设置在大胜岭南的青云项。

为了捕捉这个骄横不可一世的“王牌师”，围歼部队在四海地区布置了一个“口袋”阵。四海山峻而险，公路从山谷中蜿蜒而过，部队全部埋伏在两边高山上。董存瑞所在的六连担负扼守山口入口处的任务，这是“口袋”的“袋口”，其具体任务就是待敌人进入山谷后，就把“袋口”扎起来，断其退路。

董存瑞带领八班奉命守在小南山上。这座小山在谷口里面，正冲着公路。它是把守“袋口”的第一道关，是敌我必争之地。

连长王万发十分郑重地对董存瑞说：“小南山正对着敌人，虽然正面只有几十米宽，但位置十分重要。晚上你们就守在这里，不许弄出响声和火光，绝不能暴露目标。如果敌人发现了你们，不往口袋里钻，这场伏击战也就失败了。在敌人全部进入山谷后，你们要坚决守住，不让一个敌人出来。如果守不住，这场伏击战也算失败了。一旦让敌人逃脱，再想歼灭他们就难了，你们就是用牙齿咬也得把阵地咬住，决不能让敌人在我们这里有任何突破的机会！”

董存瑞代表全班表下了坚定的决心：“请连长放心，人在阵地在，誓与阵地共存亡！”

连长最后又语重心长地说：“把这么重要的任务交给你，是因为连队相信你一定能完成任务，加油，我们等着你再立新功！”

“是！”董存瑞高声回答。

夜半时分，董存瑞带着战友们爬上了小南山。寒冬腊月，气候十分寒冷，许多战士冻得直发抖，在寒气下棉衣都结冰了。

新战士杨海山冻得实在受不了，就找了些干柴准备烤火。这时被另一位新战士李振德发现了，说不能点火，暴露了目标可不得了。杨海山说不怕，这深更半夜的，敌人不会来，要来也到白天了。两人为此争了起来。

在另一边的董存瑞听到声音后赶了过来，弄清情况后，并没立即批评杨海山，因为他知道他的手上脚上都长了冻疮，然后他把大家叫到一起，在小南山选了一个既便于观望又能避风的小山坳，让全班挤在一块，顿时暖和多了。

董存瑞接着讲了自己参加民兵执行“破交”任务时，因光想着报仇，一时冲动向鬼子扔手榴弹而导致队伍暴露的故事。然后接着说：“纪律是铁，纪律是钢。绝对不能违反。”董存瑞非常严肃地说，“不然，很有可能造成不可挽回的损失。白天连长布置任务时讲得很明白，咱这里是关键，一不能暴露目标，二不能放跑敌人。我们稍有差错，就可能导致这次战斗的失败！同志们想一想，如果敌人发现我们这里有火光，该会是什么后果！”

听到这里，杨海山惭愧地说道：“副班长，我知道错了，我不该准备柴火，我有怕苦思想，你批评我吧！”

“认识到错误就好。海山，我知道这里是风口，很冷，可我们挺挺就过去了。大家都要从中吸取教训，任何时候不能违反纪律。要牢牢记住：纪律是铁，纪律是钢！”

“纪律是铁，纪律是钢！纪律是铁，纪律是钢！”挤在一起的全班战士默默地念着，互相鼓励着。

他们等了一夜，不见敌人的影子。天一亮，全班就分散开来，趴在山坡上，头顶盖着树枝，眼睛注视着前方。

又等到中午，还没有情况。但全班战士谁也没有气馁，大家坚信，越到最后，就越可能有情况。果然，就在太阳开始偏西的时候，远处传来了摩托车、汽车的轰鸣声。

来了，敌人终于来了！

战士们远远望去，这个“王牌师”，从手里拿的武器、头上戴的钢盔，一直到脚上穿的鞋子，清一色美式装备。汽车一辆接一辆，大炮一门接一门，一路上尘土飞扬，气势汹汹。到了山口后，他们放慢了脚步，望着险要的山势，左顾右盼，不敢贸然进来。

犹豫了好一阵，前头开路的敌人开始试探着行进。一到山谷跟前，便举起轻机枪向小南山打了一梭子弹，不巧一名战士被击中了。董存瑞见状，立刻命令大家，不许乱动，这是敌人火力侦察。

只见那位负伤的战友，咬着牙关，忍着剧烈的疼痛，一动不动。

敌人射击完后，观察了一会儿，哇啦哇啦讲了一阵，又向两边高山上射出了一连串子弹。

敌人果然是在火力侦察，见没有动静，这才开始大着胆子开进山谷。走了好一阵子，长长的队伍才全部进入伏击圈。

突然，两颗红色信号弹升空。

随即，两边高山吐出无数火舌，一下子把敌人压在了公路边的山沟里。

六连指导员这时大声喊道："扎紧袋口，不能让这帮'龟儿子'从这里逃走，给我狠狠地打！"随即，六连的阵地上响起了密集的枪声。

随着敌人的紧缩，连长带着一个排，从高山上冲了下来，在小南山后面的谷口占领了公路旁的制高点，这一下将"袋口"扎得更加严实了。敌人看见出口已封死，一下子就慌了神，有的向山上冲，有的向山脚跑，乱成一团。我军则从山上不断往下压，把敌人截成了数段。

激烈的战斗在山谷间展开了。不一会儿，“口袋嘴”成了敌我双方争夺的焦点。敌人为了夺取退路，转过头来，调集一个连的兵力，向小南山高地发起了猛烈的攻击，被我军打退后，又重新纠集约1个营400多人，开始第二次冲锋。六连的官兵在高地上排成一线，构成了一道令敌人无法逾越的屏障。

敌人也明白，打不下六连高地就是死路一条。于是，会集退下来的所有人员，组织约一个团的兵力，开始了第三次突围。远远望去，敌人爬满了山坡。前面的倒下去了，后面的又冲上来。敌人还组织了督战队，在后边拼命地喊叫、督阵。

形势一度严峻起来，有几个敌人已接近山头。守在阵地最前沿的董存瑞见状，大喊一声：“同志们，冲啊！”带着全班跳出堑壕，两个对一个，很快就将其消灭在阵前。紧急关头，兄弟连队也赶来支援，在阵前密布了强大的火力网，敌人再一次被打退。

绝望的敌人始终被压在山谷里，退无处退，

进无法进，再也组织不起像样的进攻。这时，我军的冲锋号响起，部队呐喊着冲下山来，从四面八方缩小包围圈。只用了1个多小时就胜利地结束了这场战斗。

昔日不可一世的敌“王牌师”，在我军的顽强阻击下，被打得七零八落，死的死、伤的伤，其余的全都当了俘虏。

山谷里又恢复了往日的平静，战士们都在兴高采烈地打扫战场。一队队俘虏垂头丧气地举着手被押送着从八班阵地前走过。这时，在被俘的队伍中一个当官模样的人映入了董存瑞的眼帘。和其他俘虏不一样的是，他虽是一脸的无奈，但有几分不服气的样子，始终不肯低下头。

这时，只听连长喊道：“你们看看，这就是‘王牌师’的师长，被我们活捉了，还不服气呢，刚才就是他在拼命地组织匪军，进攻咱们八班守卫的小南山。一个大师长还斗不过我们的小班长呀！”

部队里发出了一阵阵轻蔑的笑声。那个敌师长羞愧地低下了头。

这次战斗，团部给董存瑞又记了一次大功。

在不到3年的战斗生涯里，董存瑞共立过3次大功、4次小功，获得“毛泽东奖章”1枚、“勇敢奖章”3枚。

04 当之无愧的“爆破元帅”

“院中堡垒”训练法

1948 年 2 月，六连党支部研究决定，董存瑞调到六班任班长。同时，连里对兵员也作了相应调整，原在八班的郅顺义、刘钧、杨海山、李振德等也跟随董存瑞调到了六班。

不久，董存瑞所在的部队离开平北县，经丰宁县、大阁镇向北进发，越过长城，又一次来到关外，3 月中旬到达朝阳地区。

这时，部队又进行了改编。董存瑞所在部队被编入东北野战军第十一纵队，正式纳入东北人民解放军主力纵队系列。司令员为贺晋年，政委为陈仁麒。下辖第三十一师、第三十二师、第三十三师，全纵队3.1万多人。

董存瑞为第三十二师九十六团二营六连六班班长。

在部队开展的新式整军运动中，董存瑞不仅积极参与了“诉苦三查”，还利用部队途经郅顺义家乡小河村的时机，经请示连队党支部批准后，陪同郅顺义回家，进行了实地调查，回来后和郅顺义一起介绍家乡的变化，让大家进一步了解解放区人民翻身前后两重天的生活状况，从中受到生动的现实教育。

在思想整顿的同时，纵队还开展了大练兵活动。董存瑞历经战火锻炼，深深懂得大练兵的重要性。为了提高全班的军事素质，董存瑞想出了很多招数：夜间练兵时，不少战士找不到目标，他就让战士拿个破铁桶，一会儿在这儿敲几下，一会儿在那儿敲几下，让大家循着响声追歼“敌人”。他给这种方法起名为“夜间导声训练法”。

为了打好攻坚战，董存瑞开动脑筋，搞出了

许多新“名堂”。

一天，董存瑞起得特别早，并悄悄叫起了郅顺义，打算提前做些训练准备。谁知惊醒了全班战士，大家忽地一下都起来了。

这时天还未亮，近来训练强度又很大，大家都很累，董存瑞就说：“除了郅顺义，同志们继续睡。”可班长都起来了，谁还睡得着呀！董存瑞看了看大家，只好说：“既然都不睡，那就干活吧！”他让大家从外面抬些沙子，又弄来了许多砖头、树枝等放在了院子里。

大家开始觉得奇怪，不知班长葫芦里到底卖的是什么药，也想不通这与训练有什么关系，有的忍不住就问：“班长，你这是做什么？”

董存瑞神秘地笑着说：“大家快动手干吧！待一会儿就知道了。”说着，居然嘴里轻轻哼起一支小曲来：“黑咕隆咚的天上，出呀么出星星！”

大家将信将疑地干着活，不一会儿，院子里便出现了一个小沙堆。只见班长往这边堆一堆沙子，往那边垒几块砖头，又在上面插几根树枝，再在下面画几道沟沟。一顿饭的工夫，那些司空见惯的山峰、房屋、堡垒、树林、河道等，在他的手里像变戏法似的变了出来。刚才还是杂乱无章的东西，不一会儿就成了一个简易沙盘！

班长还会堆沙盘？大家都很惊奇。董存瑞笑而不语。他们哪里知道，近年来，随着一个接一个的胜仗，连队里补充的俘虏兵也随之增多，这些被“解放”过来的战士，不少战术水平很高，在八班当副班长时，董存瑞就经常向他们求教，这不，连简易沙盘作业也学会了。

沙盘虽然不那么标准，但看上去还真像那么回事，有方位有目标有道路。董存瑞又和大家一起，根据对地形的记忆进行了许多修改。

忙完了，董存瑞把全班同志召集起来，手里拿着一根树枝说：“咱们整天练攻坚，可敌人的城防工事究竟弱点在哪儿，如何攻，谁也弄不大清楚。现在摆出个样子来，大家看看。”

全班战士这才完全明白了班长的用意，纷纷夸了起来：“嗬，班长，你可真有两下子。”

董存瑞笑了笑说：“别夸了，这都是跟别人学的，现在得靠大家一块搞才行。”说罢，指着用树枝、砖头、沙子堆起的一处地形说:“咱们住的东山村附近的地形就是这样。这是敌人的碉堡,有母堡、子堡,这是外壕,这是铁丝网。我们主力在这儿,咱连在这儿,咱们班在这儿。现在上级要求我们炸掉这个障碍物,消灭这里的敌人,大家看怎么办?采取什么战术,走哪条路?怎样能以最快的速度接近敌堡,完成任务?”

大家看着这个既形象又简单明了的沙盘,情绪一下子被调动了起来。一时间农家小院里热闹得像炸开了锅!大家争先恐后地发言,各说各的意见,纷纷出谋划策。

战士刘钧这会儿乐得直叫:“喂,同志们,咱们给班长弄的这玩意儿起个名,叫‘院中堡垒’吧。”

站在一旁的郅顺义也赞同说:“这个名字起得不错。”班里的其他战士也都跟着喊:“好!好!”

说着说着,董存瑞又把树枝、砖块、沙堆等变换了一下位置,另一个阵地又呈现在大家的面前。然后说:“这几个沙堆不太像,就算是敌人控制的高地吧,这块大砖头是敌军驻地,小砖头是母堡，周围的小石头是子堡；树枝、沟沟代表铁丝网、交通壕。”

然后，他把手里的树枝指向另一个地方说：“假设我们的主力从这个方向突破，向敌军驻地发起进攻，咱们班担任爆破任务，应采取什么姿势，从哪里接近，咋个炸法？”他这么一讲，仿佛把大家带进了硝烟弥漫的战场。

早晨开饭的时间到了，可大家没有一个人觉得饿。这个说，应该利用这道塄坎从东北方向插进去。那个说，先炸左边的子堡，再炸右侧的母堡。还有的说，匍匐前进太慢，可以用火力掩护，低姿跃进。全班战士一起动脑子、想办法，各摆各的理由，争得脸红脖子粗，越争越深入，越争越分明。指导员恰巧路过这里，听到里面讨论得很热烈，顺脚拐了进来。

董存瑞和战士们争论正酣，没有发觉指导员已经在他们的身后站了半天了。

“院中堡垒”，实际上就是一个简易粗糙的大沙盘，司令部首长在演习中，就有“沙盘演习训练法”之说，只是这种演习方法从未在连队以下的作战单位实行过。董存瑞发明的“院中堡垒”训练法，恰好与司令部首长演习中的“沙盘演习训练法”不谋而合。

晚点名的时候，指导员在全连面前表扬了六班的练兵热情，介绍了董存瑞发明的“院中堡垒”爆破训练法。接着，连长宣布：全连本阶段练兵的流动红旗授予董存瑞的六班。

不久，连里将董存瑞发明的“院中堡垒”训练法上报给营部，营部又上报给团里，团首长认为这是发扬我军“三大民主”中“军事民主”的典范，号召全团推广这种训练方法。

受到了上级的表扬，六班的训练更带劲儿了，用他们的话说，要让练兵的流动红旗在六班住下。功夫不负有心人，在整个整训阶段，董存瑞带领六班一共夺得过 5 次流动红旗。

董存瑞并没有感到满足。他想到部队经常要打攻坚战，因为敌人非常重视碉堡的作用，凡是重要的阵地，都要修建碉堡，少的一两个，多的十几个甚至几十个，还有明碉暗堡等各种碉堡群。对进攻中的我军来说，这是一个重大的威胁。因此，如何有效地炸毁碉堡，应成为训练中一个重要的内容。

于是，他结合上级的有关要求，和大家一起，认真进行爆破训练。

后来也成为战斗英雄的郅顺义，对董存瑞在爆破中的严格、较真的态度感触最深。他曾经讲到一件事：有一次练习爆破，整整一天了，在夜幕即将降临时，郅顺义和班上的一个小战士作为战斗小组，做最后一次携炸药包匍匐前进。眼尖的董存瑞发现他们马虎了点，动作不符合战术要领，马上叫他俩重来。小战士央求说："班长，明天再好好做吧，今天太累了。"

董存瑞一下子就严肃起来："不成，马虎有了第一次就会有第二次，这样的匍匐动作，你们是接近不了敌人的，真到战场上可要吃大亏，牺牲的可是生命！来，我陪你们一块做。"说罢，立刻趴在地下给他们示范。两人十分感动，再也不敢马虎了。

到了 4 月，团里组织进攻演习比赛。董存瑞带着六班，代表全连参加。那天，师首长率领全师连以上干部来观摩。比赛信号发出后，只见董存瑞和全班战士一起，像离弦之箭蹿出了掩体。时而低姿，时而匍匐，时而跳跃，时而利用斜坡往下滚，时而火力交叉“掩护”，很快就靠近了第一个碉堡，按要求将“炸药包”送了进去，又飞快地滚下来隐蔽；第一个任务完成后，开始接近第二个碉堡，只几分钟时间，也顺利完成了；紧接是第三个，第四个，第五个。

最后，全团评比，董存瑞所在的六班速度最快、时间最短，携炸药包前进的动作最规范，选择的线路最安全，送进碉堡的“炸药包”最多。

在总结大会上，团部授予董存瑞“爆破能手”称号，六班被评为“练兵模范班”。师团首长亲自把大红花挂在六班全体战士胸前。

50 天的朝阳练兵，给董存瑞这把好钢打造的利刃又淬了一道火，其锋芒更加锐利了。

挂帅点将

1948 年 5 月 18 日，第十一纵队所属各师完成了对隆化城的包围。

董存瑞所在的九十六团团长受领任务回来后，组织营连干部进入阵地前沿布置了具体的作战任务：一营集结待命于苔山、伊逊河左面，当总攻发起时，迅速抢占300米外的四合大院，消灭驻守院中的敌一个加强连，随后向城内发展；二营紧贴一营左面，负责攻占隆化中学右面的阵地；三营为预备队。总攻时间定于1948年5月25日凌晨4时20分。

大战在即，六连官兵似乎已闻到了浓烈的火药味，个个显得十分兴奋。5月23日下午，六连在驻地隆重召开了临战誓师动员大会。

临时搭起的主席台，显得庄严肃穆。鲜红的连旗插在正中央，两边各有两面稍小一些的红旗，分别绣着“爆破元帅”“突击大将”“火力大将”“支援大将”的字样。其中“爆破元帅”的红旗略大，象征着这几项工作中爆破处于最重要的地位。

战士们知道，这些旗子代表着一种荣耀，谁要是取得了它，就意味着担负全连最光荣也是最艰巨的任务：爆破敌人的碉堡，为部队前进开辟道路。

连长负伤住院，代理连长职务的白副连长一个箭步跃上主席台，他大手一挥，庄严宣布："同志们，后天就是咱们和国民党十三军真刀真枪开干的日子啦。"

白副连长极具鼓动性的话语刚一落地，队伍中即刻像开了锅，战士们都兴奋地喊着："干吧！咱早就等着这一天呢！""是英雄，是好汉，战场上比比看！"

作为指挥员，最兴奋的莫过于部属们的一呼百应。看到自己的部下士气旺盛，郭指导员和白副连长的脸上都洋溢着欣慰的笑容。

白副连长平静了一下自己也同样激动的心情，摆了摆手，让大家安静下来，然后继续说道："咱们连的任务很明确，就是开辟通路，遇见碉堡炸掉它，见到障碍搬掉它，从外围突进去，拿下隆化中学。"

紧接着，他又风趣地说："摆在眼前的隆化城就像个蛰伏着的大蝎子，那苔山岭就是蝎子隆起的脊背，隆化中学就是蝎子尾巴。要想抓住蝎子，必须先用钉子钉住蝎子的脊背，叫它动弹不得，再用剪刀剪掉它的尾巴。咱们纵队的三十一师，就是由当年狼牙山五壮士所在的老一团扩编的那个师，充任钉子的角色，目标是钉住蝎子背——拿下苔山岭的制高点。而咱们三十二师，则是那把剪刀，专门负责剪掉隆化中学这根蝎子尾巴。蝎子尾巴一掉，隆化城这只蝎子还能不束手就擒？”

白副连长生动形象的比喻，一下子把战士们的情绪推向了高潮。

紧接着，郭指导员做完政治动员后，指着身后那面绣着“爆破元帅”的红旗问大家：“这面‘帅旗’大家都看到了吧，我现在很想知道，谁愿意领这面‘帅’旗，挂帅点将出征？”

“我愿意！”

“我愿意！”

大家纷纷举手，争着喊了起来。

所谓“挂帅点将”，就是由战士们集体推举出一位军事技术和战术素质俱佳、智勇双全的战斗骨干，以他为核心来组织整个战斗。

这种方法是解放战争中东北人民解放军一些基层部队在攻坚战中发明的。担任进攻的连队，通常组成“四组一队”，即：爆破组、投弹组、火力组、支援组和突击队。这样既可以发扬军事民主，发挥群众的积极性和创造性，又能鼓舞士气，还能使战斗力要素达到一种最佳的组合，是一种行之有效的好办法。

“好！不过先别急，挂帅点将的条件是……”

郭指导员把条件一公布，会场的气氛顿时又热烈起来。

“报告，我来挂帅”的声音不绝于耳，此起彼伏。

最先站起来要求挂帅的是战斗组长王海山，他身材高大，打起仗来是个不怕死的主儿；接着是二班长，黑脸膛，厚嘴唇，他说：“我老赵要是当元帅，保准马到成功！”

一班长见状，也急不可耐地站起来大声说道：“这元帅，非我们一班莫属。因为我们一班是全连的排头班，以前有什么重要的任务总是由一班打头阵，这次也一定要打头阵。如今讲的是‘合同立功’，大家订的是立功合同，讲的是互相配合，其他各位‘大将’都要跟着‘元帅’，希望一样立个战功，我能保证做到这一点。”

坐在前排的董存瑞，这时早已按捺不住内心的激动了。一班长话音刚落，他就“刷”地站了起来，回过头环视了一圈会场，用目光寻求支持。由于兴奋，他满脸通红，额上也渗出了细密的汗珠。他拍拍胸脯，声音洪亮地说：“都别争了，我要当帅！前不久大练兵，我们代表全连参加全团的比赛，获得了‘爆破能手’光荣称号！我们班也是‘练兵模范班’！不谦虚地说，我们班最符合指导员说的条件，如果我们当元帅，绝对有把握完成爆破任务……”

大家一听，都有些发愣了。

按照惯例，在攻坚战中，“四组一队”的核心是爆破组，这“元帅”一职非爆破组长莫属，其他各组只有被动挨“点”的份儿。

但不管怎样说，这“帅”也不是轻易好“挂”的，须经登台比试、民主评议、连队党支部批准；当了“元帅”之后，才可以点全连最好的组和队中的“大将”，经支部批准后，各组队之间订立“合同立功”计划，保证攻坚任务的顺利完成。

其实，大家心里都非常清楚，成为“元帅”，不光是一种荣耀，更多的是一种责任，也就是说，想当“元帅”，必须是全连爆破技术最好、作战最勇敢、最受领导和战友们信任的人。

现在看到是六班长董存瑞出面要求挂“帅”，本想试一试的其他几个班长和战斗骨干就都放下了举起来的手。

争“帅”的形势由于董存瑞的出现发生了奇妙的变化。董存瑞的条件是最过硬的，在历次战斗中表现得最为勇敢，而且爆破技术也最好，他所担负的爆破任务没有一次失误过，是全团的模范爆破手，在师里也是挂上号的，论技术、论经验、论资格，大家谁都比不上他，争也是白争。

大家静了片刻，立刻有人表态了：

“我同意六班长董存瑞挂‘帅’。”

“我也同意。”

“我没有意见。”

……

但还是有个别不服气的。这不，一班长这时就站了出来“将”了董存瑞一军：“六班长爆破是模范，打仗是英雄，救人是典型，但咱们现在是‘合同立功’。‘合同立功’强调协调一致打胜仗，但董存瑞没和大家配合好，担任‘爆破元帅’不合格。”

“为啥？”

“他昨天在侦察火力时，不顾大局，扔手榴弹，暴露了目标，说明他在协同作战的能力上还不行，不能当‘爆破元帅’”。

六班战士李振德一听，站了起来，大声说：“要说暴露了目标，这全怨我，是我引来敌人的枪声，班长是为了掩护我才投弹，他为了救战友，宁愿自己暴露目标，不怕牺牲，这样的班长，你怎能这样指责他，大伙说说，轮到你们又该咋办呢？”

接着，李振德说明了事情的经过：

22日傍晚，董存瑞奉命侦察敌前沿情况。他带上李振德、杨海山两名战士悄悄跃出工事，进入了一片凹凸不平的坡地。李振德不留神弄出了动静，敌人立刻朝他们开枪，处境非常危险，这时隐蔽在左侧的董存瑞赶紧扔出手榴弹，把敌人的火力吸引到自己身上，掩护两个战友安全转移。随后董存瑞翻滚到一个土堆后面，趁敌人慌乱打枪的机会，又弄清了敌人几处暗火力点，圆满完成了任务。

“同志们想想看，”李振德继续说道，“班长是遇到特殊情况后，才灵活机动地扔了手榴弹，并且我们的收获很大，又发现了敌人两个暗堡，所以，即使我们当时暴露了，也很值得。”

台下开始躁动起来。

这时，董存瑞平静地站了起来，他目光坚定而又诚恳地望着大家说：“一班长刚才的意见提得对，我诚恳接受一班长的批评。为了圆满完成任务，我保证在今后执行任务中，会更加沉着更冷静地处理突发情况，我请求大家允许我担任‘爆破元帅’。”董存瑞一席肺腑之言，深深感动了战友们，许多班长异口同声地推举董存瑞。

最后全连形成了统一的意见，同意董存瑞担任“爆破元帅”。

站在主席台上的连队干部看到这种结果，甚是欣慰。郭指导员首先站起来总结说：“多数同志推举六班长，说明董存瑞军事素质强，战斗作风过硬。党支部也相信，他一定能带领爆破组圆满完成上级交给的任务。”

随着郭指导员铿锵的话语和有力的手势，战士中爆发出一阵热烈而又持久的掌声。

董存瑞成功了，他被战士们拥到了主席台上。有的战士还敲起了事先准备好了的锣鼓家什为他祝贺，白副连长亲手给董存瑞戴上了一朵大红花，郭指导员郑重地把绣着“爆破元帅”的帅旗交到董存瑞的手中。红花、红旗在夕阳照耀下交相辉映，把董存瑞全身映得通红。

董存瑞接过帅旗后，十分激动。他举起了右手当众表起了决心：“坚决完成任务！”然后双手举着帅旗神情庄严地开始了“元帅点将”。

董存瑞按照爆破组、突击组、火力组、支援组的先后顺序一路点起“将”来：本班战士李振德、八班长张万才和九班战士孙永德与自己组成爆破小组；七班长郅顺义为“突击大将”，由三人组

成突击组，贴近保护爆破小组，直到把他们送上爆破目标；二排长为“火力大将”，从二排抽调两挺机关枪，从一排抽调一挺，共三挺机枪成立火力组，担任火力掩护，压制和吸引敌人的火力；一班长为“支援大将”，主要负责往火线上输送武器和爆破器材——这一点，颇出乎一班长的意料，他原以为自己与董存瑞争“帅”，董存瑞不会再带上自己“合同立功”了呢！

授旗完毕，董存瑞和各路“大将”纷纷表达了决心。

董存瑞动情地说：“党把这一光荣而又神圣的任务交给了咱们，没二话，天塌下来也得完成任务！这回我就把我这100多斤交给党了，保证打伤了不下火线，打死了也别把我拉下战场。我就是化成泥土，也要填在隆化中学的外壕里去，让大家踩着我把隆化拿下来！”

董存瑞的表态赢得了官兵们的阵阵掌声。

把决心写在炸药包上

解放隆化城的战斗即将打响。24日晚饭后，团里把全部的爆破器材下发给各连。董存瑞带领全班战士为即将开始的战斗做着最后的战前准备。一时间，炸药、导火索、麻布、麻绳……所有的物品摆放了一地。

董存瑞蹲在地上，仔细地端详着一袋袋橙黄色的炸药，心里的底气仿佛更足了。因为这些烈性炸药，比自己在自卫队时用过的黑色火药威力要大许多。他先是把麻布铺好，然后仔细地把炸药分成若干份，用麻布包好，再用麻绳捆扎成大约15公斤一包的制式炸药包，整整7大包，体积大小正好便于携带，重量不很重，威力却大得很，足以把敌人砖石结构的碉堡炸个底儿朝天。

董存瑞看着捆好的炸药包，突然灵感一现，几句诗溜到了嘴边，他拿起笔将诗句写在了炸药包上。

仇恨满胸怀
隆化要打开
推翻三座山
新中国
要用我们双手建起来

写好后看看炸药包上还有空地，他又兴致盎然地根据分量的不同、要炸的对象在炸药包上画上了碉堡、人物之类的画，其中有匍匐前进的爆破手，有束手待毙的敌人丑态。虽不逼真，却也形象。

班里的战士看到后深受启发，纷纷向班长献诗献画，一一写在捆好的炸药包上。

炸药面儿
麻布包
小虽小
味道好
见着碉堡它就跳

……

仇恨记心头

不叫老娘泪双流

蒋匪帮

是孬种

今儿个炸飞你的头

……

一幅幅画，一首首诗，体现了战士们坚定的歼敌决心和必胜的战斗信念。夜深了，微风从耳边悠悠地吹过，偌大的战场，平静中蕴藏着无形的力量。已做好临战准备的部队，正在前沿堑壕内度过最后一个夜晚。

“睡了吗？班长！”战士杨海山轻轻碰了一下身边的董存瑞。

“没有。”董存瑞双手反绞在后脑勺上，正望着夜空数星星，听他一说，索性坐了起来，“我也睡不着呀！”

“今天多少号了？二十四还是二十五？”

“要是过零点，就是二十五，没过，就是二十四。”

“快打起来了吧？”

“差不多了。”

听两人这么一对话，全班的人都“呼”地坐了起来，原来大家都没睡着。董存瑞忽然笑着问：“看来全国很快就要解放了，解放后你们都想做点啥？”

“我想念书。”刘钧侧过身子，用手托着下巴说，“然后，再为人民服务。”

“嗬，心思不低呀。”杨海山笑着，眨眨眼说，“等全国解放了，咱就回家，把咱家的地好好拾掇拾掇，一年种出一屋子粮食，天天包饺子吃。”

李振德听了也说：“咱家乡出苹果，又大又甜，这两年让国民党糟蹋了。等解放了，我就回去种苹果，到时给你们每人送一筐。”

“我要红透的那种。”刘钧忙坐起来，在黑暗中比画了一下。

“哎，班长，你呢？”李振德很想听听董存瑞的打算。

“我呀……”董存瑞犹豫了一下，没说出来。其实在提这个问题之前，他就在想了。解放了，他有许多愿望：想去念书，以前念的书太少了；想回家，好好孝敬一下年纪渐大的父母；想当个建设者，让无数无家可归的穷苦人都有房住；想种庄稼去，现在太缺粮食了，多少人吃不饱呀；想……他的愿望太多了。

“说呀！我们想听听你的想法！”战友们又催起来。

“我想，将来解放了，我……”董存瑞正要说时，突然卖了个关子，“等打完这一仗吧，打完了，我再告诉你们！”

董存瑞说完，眼神之中流露出对美好明天的憧憬。他望了望大家，感受到大伙的心情都和他一样，对很快就要解放了的新中国，寄予了无限的希望。

谈话间，时间似乎过得很快。1948 年 5 月 25 日，黎明似乎比往常都来得早。透过薄雾，隆化这座塞外古城，已经依稀可辨了。此时，沉睡的国民党官兵怎么也不会想到，人民解放军已准备为他们敲响灭亡的丧钟，迎接这座城市的新生。

4时20分，天际露出一线光亮，大地死一般寂静。突然，3颗红色信号弹腾空而起，3道弯曲的弧线像是为炮火准备指引方向。随即便传来了震耳欲聋的炮声。苔山周围，立刻升腾起一柱柱的烟尘，敌防御前沿和纵深要点，顿时硝烟四起，血肉横飞，碉堡被炸毁，战壕被填平，土地被翻松，炮弹爆炸后掀起的烟尘像一张巨大的网，罩在敌阵地的上空。

经过40分钟的炮火袭击，敌表面工事大部被摧毁。苔山主峰上的砖塔，也在滚滚的硝烟中倒塌了。

5点25分，命令下达：董存瑞所在的六连担任主攻，从城东北向隆化中学外围工事运动。

在向各班组下达完任务后，白副连长用期待的目光望着董存瑞，加重了语气：

“战斗打响后，关键要看你们爆破组了。你们要尽快将敌人阵地前沿的各种障碍炸平，为后续部队的冲击扫清道路。”

郭指导员也叮嘱说：“存瑞，你们的任务至关重要，开辟的通道顺畅与否，直接关系到以后各个步骤的实施。咱们炮兵的力量不足，你们爆破组的担子自然要重一些啦。”

董存瑞点点头，知道自己肩上担负的责任。

这时，只听白副连长神色庄重地命令道：“火力组、突击组、爆破组、支援组，马上做好战斗准备！”说完，就从通信员手中接过小红旗，向团部的方向打了几个旗语。团指挥所上空，立刻依次升起红绿黄 3 颗信号弹，团、营炮兵阵地的迫击炮、掷弹筒再一次吼叫起来。

六连的阵地上立刻响起了短促而紧张的吆喝声：“炸药！手榴弹！机关枪，打！”憋足了劲儿的战士们立刻绷紧了神经，投入到激烈的战斗中。

董存瑞和郅顺义回到前沿阵地，立刻被各战斗小组的战士们围了起来，大家都用一种期待的目光望着眼前这位年轻的“爆破元帅”。他神情严肃地向大家布置了任务，然后命令大家各自回到战位。

董存瑞和郅顺义两人互相会意了一下，然后分别对组里的战士说了声：

“上！”

郅顺义带着突击组，每人背起两兜手榴弹，冲到前面去给爆破组开路。

董存瑞也带着爆破组，抱着炸药包，眼睛死死地盯着前方的目标，紧跟在突击组的后面。

前沿一些战士已经冲出预射阵地，我军炮兵的火力向敌人防御阵地的纵深开始轰击，此时正是步兵发起进攻的最好时机。

据事先侦察，六连通往城东北角隆化中学的路上，有 4 个炮楼、5 个碉堡。而且在这些炮楼、碉堡等核心工事前，横亘着 3 道有锋利铁刺的铁丝网。铁丝网之后，则布满了梅花桩形状和鹿角状的障碍物，里面埋有地雷和陷坑。敌人的外壕前边，是一个大地堡，火力足以控制整个外壕。外壕后面，紧挨着的就是隆化中学几尺高的围墙，再后面便是敌人用作营房的教室，也是敌人的屯兵之所。只有占领这里，才能彻底地消灭敌人，取得战斗的最后胜利。

我军炮兵的火力刚刚延伸，敌人碉堡里的机枪就更加凶猛地狂叫着、扫射着，前面道路被封锁得风雨不透。

国民党兵见自己的火力已经压制了解放军战士的进攻，便开始狂妄起来。他们不时地哇哇乱喊："共军弟兄们，不要再冲啦！再冲就没命啦！"

白副连长见状，亲自指挥火力组开火，3挺机关枪喷出仇恨的火舌，射向敌人的碉堡，敌人的火力被吸引过来了。

郅顺义摇动了一下小红旗，示意爆破组做好准备，跟着就甩出两颗手榴弹，前方"轰"的爆起一股浓烟。

随着硝烟腾起，董存瑞顺势一个漂亮的跃进动作，抱着炸药包趁着浓烟向前冲去，爆破组另外3个勇士张万才、孙永德和李振德也跟着组长冲了上去。此时，已到4个炮楼面前。这些炮楼成犄角之势，可以相互交叉射击，相互掩护，几乎找不到一个射击死角。作为进攻一方来说，想接近它，确实很不容易。

敌人的机枪从炮楼的枪眼中伸出，疯狂地向外喷着火舌，射向董存瑞带领的爆破组。炮楼里的敌人意识到，如果让这些无畏的战士靠近，那么他们的末日也就到了。

董存瑞左蹦右跳，机灵地避开迎面射来的枪弹。一阵弹雨射来，董存瑞的身后传来一声沉重的扑倒声。

董存瑞敏感地意识到，自己的战友可能被击中了。他猛然转回身，发现刚刚冲上一个土坎的九班战士孙永德，重重地栽倒在坎下。他立刻冲到坎下，只见这个平时和自己配合默契的好战友孙永德已浑身是血，伏在地上一动不动了。董存瑞轻声地叫了几声："永德！永德！"孙永德没有回答，他中弹牺牲了。

正在这时，董存瑞看到，快要靠近敌人炮楼，大约还剩十几米距离的八班长张万才也倒了下去，再也没有起来。董存瑞眼都急红了，出师未捷，就连损两员大将，自己这个"爆破元帅"一定要冲过去，绝不能给首长和东北人民解放军脸上抹黑。

他朝身后的郅顺义打了个掩护的手势，一弓腰从地上蹿起来，紧跑了十几步，来到敌人设在中央的炮楼跟前，迅速拉开导火索，将一包炸药塞入炮楼的射击孔内，然后一个闪身。随着"轰"的一声巨响，敌炮楼化成一片废墟。

此时，跟在后边的李振德受到了鼓舞。只见他瞪着一双红红的眼睛，学着班长董存瑞的样子，左拐右跳，迅速奔向左翼的一个炮楼。接着也是“轰”的一声响，炮楼被炸得粉碎。

敌人接连失去了两座炮楼，火力一下子减弱下来，趁此机会，郅顺义带领的突击组连续地向敌人阵地上投掷手榴弹进行掩护，一班长带领支援组送来了二十几颗手榴弹和两位烈士不曾用过的炸药包。顿时，敌炮楼和碉堡前烈焰弥漫，浓烟滚滚。董存瑞和李振德一鼓作气，接连又炸掉了剩下的两个炮楼和 5 个碉堡。

敌人怎么也想不到，经营了两年多号称“铜浇铁铸”的工事，竟被解放军战士三下五除二地给端掉了。敌人开始向后退缩，前沿阵地很快被肃清，隆化中学东北角终于出现了暂时的平静。

勇士们回首望去，山壁上的大树被弹片削得光秃秃的，偶尔能见到几缕破布，挂在剩下的残杈上随风飘荡。四周到处是被炸碎的砖石瓦块和被炸翻的铁丝网、梅花桩等障碍物。此时，红通通的太阳已升至苔山的顶尖处，火辣辣地刺着人们的眼睛。战场上一片狼藉，被炸毁的敌碉堡和炮楼只剩下残垣断壁，冒着黑烟。

董存瑞和郅顺义分别被其他战士换下来休息。这时他才发现，自己穿的棉衣已经被汗水浸透了。

隆化城外围的防御工事被扫清了，战事进展顺利，大家都明白，最艰难的大仗即将到来：突破隆化中学的敌人核心工事。

为了新中国，前进！

经过几个小时的激烈较量，敌人 28 个碉堡有 20 个被摧毁，我军已经完全形成了对敌人分割包围的态势。部队继续向隆化中学推进，眼下已快到隆化中学工事外壕边了。

守在中学内的敌人，看到前面败退回来的残兵败将，似乎也意识到自己的命运了，可又不甘心就这样输给自己昔日的“土八路”对手，于是凭着剩下的几个大碉堡作困兽之斗。

为了迅速全歼敌人，纵队命令：下午3点半发起第二次总攻击。第三十二师夺取隆化中学，第三十三师则配合苔山和隆化中学两方面的战斗，并堵击可能逃跑的敌人。

作为主攻连的六连，这时也接到团里命令：必须在下午3点半前穿插到位，随即打开隆化中学的缺口。

时间只剩一个多小时了。

六连直指隆化中学，继续向前推进，但不久便遭到了敌猛烈火力的拦截。官兵们被压在一条土坎下面，抬不起头来。连首长发现，火力来自外壕上一组连环碉堡群。敌人的机枪子弹就从那里射出，穿过一道一丈来长的壕沟和一道密密的铁丝网，控制着前面一片开阔地。

机关枪短促而恐怖的嘶叫声，中止了战士们的喊杀声；噬人的毒焰，不断夺走战士们年轻的生命。

冲击部队受阻，伤亡人数不断增加！

此时，友邻部队第三十三师已经率先攻进了

隆化县城，短兵相接之后，敌人死的死，降的降，一部分逃进隆化中学。

然而，来自连环碉堡的火力，不仅阻止了董存瑞所在尖刀连的前进道路，而且也割断了右翼友邻部队已经进城的一部，造成了首尾难顾的局面。

白副连长急了，指着前面那个正喷着火舌的大碉堡，大声问道："谁去炸掉它？"

"我去！"

"我去炸掉它！"

战士们胸中的怒火一个个被点燃了。

"你们都别争了，还是我去吧！"早就把一切看在眼里的董存瑞心里急得直冒火，立刻请战。白副连长大声说："你已经几次完成爆破任务了，不能再上去了，这个任务由下一个爆破组完成。"

"副连长，我去炸掉它！"说话时，李振德已经抱着炸药包走了过来。

白副连长望了望已十分疲惫的他，说道："行吗？上午你和存瑞也完成了任务。"

董存瑞冲上前去夺炸药包，说："振德，还是我去吧！"

“不，我去！”李振德望着董存瑞坚定地说，“我有一个请求，如果我牺牲了，请转告我的家人，就说我在部队入党了。如果不死，就请你给我做入党介绍人。”指导员上前握住李振德的手，激动地说：“振德同志，依你今天的表现，入党的事组织上会考虑的，但要的不是牺牲，而是活着回来，我们等着你的好消息！”

“沉住气，不要慌。”董存瑞望了一眼李振德，“放心吧！我答应你，回来后我当你的入党介绍人。”

“机枪掩护！”白副连长命令。李振德领着两名爆破手，迅速冲出了壕沟。但敌火力依然很猛，在快接近敌碉堡时，李振德不幸中弹牺牲，其他两名爆破手也负了重伤，被迫撤了下来。

在双方对射的过程中，大家终于才看清，眼前那座大碉堡后面的外壕上，还有一座一丈多长的小桥，与后面的隆化中学围墙上的碉堡相连接。桥的两侧用砖石封了起来，并开了枪眼，顶部用碗口粗细的檩条盖住，上面覆盖着沙袋，成了不折不扣的“桥形碉堡”。与外壕两端的大碉堡相连后，这组工事在外表看来，很像一个倒卧的哑铃，野战筑城的术语叫作“连环堡”。原来，那几道火舌就是从隆化中学东北角跨旱河的那座桥上喷射出来的。狡猾的敌人，在桥上修了这个伪装得十分巧妙的暗堡，用火力封锁着学校的东北面，拦住了我军冲锋的去路。

看来只有拔除这座外壕上的连环桥形碉堡，才能顺利地接近学校中的核心工事。怎么办？情形十分危急。

董存瑞和郅顺义迅速来到指导员跟前，强烈要求道：“指导员，把任务交给我们吧！”指导员没有同意：“不！还是让别的组去！你们的任务完成了！”

“我是共产党员，又是大家推举出来的‘爆破元帅’，隆化中学没有拿下来之前，就不算完成任务！请准许我去！”董存瑞再次请求道。

白副连长抬起手来，看了看腕上的手表：现在是3点15分，离预定时间还有15分钟。他跟郭指导员商量了一下：要论爆破技术，战术动作，非董存瑞莫属，派郅顺义掩护董存瑞前去，把握最大。

此时，董存瑞从棉上衣贴胸的口袋里掏出一个小纸包，郑重地交到指导员手里：“这是我的党费，如果我牺牲了……”

指导员接过小纸包，紧紧地握着董存瑞的手说：“不，存瑞同志，你一定要活着回来！”

董存瑞弯腰抱起炸药包，郅顺义又背上两兜子手榴弹，把小红旗插在背后，做好了出击准备。

二排长指挥着火力组的机枪，再次把弹雨泼向敌人阵地，敌人的火力立时被吸引过去。趁此时机，董存瑞和郅顺义双双跃出战壕。

董存瑞翻身向左边滚了过去，避开敌人的子弹，蹲伏在一个隆起的障碍物后面，瞪起一双布满血丝的眼睛望着前方的桥形碉堡，像是马上要扑过去的样子。

“老郅……”董存瑞叫住跟上来的郅顺义。

“要是我在半道上被打伤了，或者是牺牲了……”

“我坚决替你完成任务！”

董存瑞紧握了一下战友的手，赞许地点了点

头，然后一纵身，从郅顺义背上拔出小红旗，向后面打着旗语，一班班长立刻带人送上两兜手榴弹。郅顺义接过手榴弹，紧随董存瑞的身影跟了过去。

董存瑞夹起炸药包，弯着腰冲了出去。在郅顺义的火力掩护下，他一会儿匍匐爬行，一会儿又借着郅顺义扔出的手榴弹的爆炸烟雾，站起来一阵猛跑。桥形暗堡里，敌人的机枪依然在疯狂地嘶叫，子弹带着尖厉的呼啸声，从他们头顶掠过。

在快要冲进开阔地时，董存瑞指着前面一个小土堆，对郅顺义说："你就在那儿掩护。"

郅顺义按照董存瑞的指示投起了手榴弹，即刻把敌人碉堡前的鹿砦、铁丝网炸个了稀巴烂。

董存瑞趁机冲进了开阔地。敌人的机枪朝这边射来，子弹打得他身边的尘土直冒烟。董存瑞沉着机智，他忽左忽右地爬着。敌人的机枪打来了，他就趴下不动。敌人的机枪稍一停，他就飞也似的向前跃进几米。就这样，董存瑞和敌人斗智斗勇，慢慢接近了敌人。

突然，前进中的董存瑞扑倒了，在后面的郅顺义一惊，以为他中弹了，刚要起身向他冲去，却见他猛然爬起来，一拐一跳地冲进了旱河沟里，进入了敌人的火力死角，这才长长地舒了一口气。

董存瑞刚才被敌人击中了左小腿，鲜血直流，疼得钻心，他知道，此刻绝不能倒下去。当他咬着牙忍着剧痛冲到桥下后，才发现这桥离地面有一人多高，两旁全是砖石砌成的直壁，没沟、没棱，往哪儿放炸药呢？如果把炸药放在河床上，又炸不着暗堡。河床上找不到任何东西来代替炸药支架，怎么办？

郅顺义也清楚地看到这一切，急得直攥拳头。

时间一秒一秒过去。

这时，一阵嘹亮的冲锋号声突然在旷野的天空中响起，总攻开始了。部队潮水般地向隆化中学冲过来。垂死挣扎的敌人将暗堡上的砖头一块块捅开，十几个暗枪眼一齐喷出火光，子弹像暴雨般射向冲上来的队伍。董存瑞看了看桥顶，又看到一拨一拨冲上来却又纷纷中弹倒下的战友，焦急万分。不，不能再等了！多耽误一秒钟，就会有更多的战友牺牲，为了消灭敌人，为了最后的胜利，就是粉身碎骨，也要把敌人的碉堡炸掉！只见他毫不犹豫

地用左手托起炸药包，紧紧地贴住桥底，从容镇定地用右手拉开导火索。导火索“哧哧”冒着白烟，急速地燃烧着，董存瑞泰然自若，坚定地站在那里一丝不动，托着炸药包的样子，就像一尊钢铁铸成的雕塑，威武、高大！

50 米开外的郅顺义看到此情此景，一时惊呆了。他完全想不到，董存瑞会采取这种最原始、最简单同时也是最直接有效的方法爆破。他下意识地想去阻拦，可已经来不及了，董存瑞头上的导火索“嗞嗞”冒着白烟，闪烁出暗红色的火花，只要 7 秒钟，炸药包就会爆炸！

短短的 7 秒钟，董存瑞会想到什么，谁也不知道。就在郅顺义一愣神的工夫，他看到董存瑞奋力挺起腰身，向着踏着硝烟冲来的战友们，用尽全力喊道：“为了新中国，前进！”

一道冲天的亮光闪电一样划过大地，随着天崩地裂“轰”的一声巨响传来，敌人的桥形暗堡被炸得粉碎。董存瑞用自己的鲜血和生命为部队的全面胜利开辟了前进的道路，为九十六团的攻击扫除了最后一个严重障碍。

一股巨大的热风夹杂着碎砖石和泥土把郅顺义掀倒，在爆炸声响起前的一刹那，董存瑞喊出的震撼山河的话，永远地印刻在了他的脑海里。当他从土堆里抬起头时，敌人的桥形碉堡已不见了，郅顺义热泪长流，使出全部的力气对后面的战友喊道："为董存瑞报仇！""为了新中国，冲啊！"

郅顺义高喊着董存瑞生前最后喊出的那句战斗口号，第一个冲进了隆化中学敌据点。

六连全体战士也高喊着："为董存瑞报仇！冲啊！"

全体指战员踏着英雄开辟的道路冲了上来！

05 尾　声

胜利的红旗插上了隆化中学，隆化城彻底解放了！

隆化解放后，六连战士来到董存瑞牺牲的地方。横跨旱河桥上的碉堡已灰飞烟灭，到处尽是散砖碎瓦和冒着青烟的烂草破木。

战友们一个个流着眼泪在废墟里寻找烈士的遗物，可是只找到了烈士的袜子和鞋。

正在这时，指挥这场战斗的最高指挥员、冀察热辽军区司令员程子华走到隆化中学前，忽然看见战士们在那里恸哭。他很奇怪，为什么打了胜仗反而哭呢？一问才知道他们的班长董存瑞同志为了减少战友的伤亡，毅然用身体托起炸药包与敌暗堡同归于尽了。将军也禁不住潸然泪下……

1948年6月8日，中国人民解放军第十一纵队党委作出决定：追授董存瑞为“战斗英雄”“模范共产党员”称号，命名董存瑞生前所在班为“董存瑞班”，并将烈士生平事迹编册下发，供全纵队指战员学习。纵队所属机关和战斗部队在点名集合时，全体向烈士静默三分钟，以示悼念。7月10日，冀热察行署决定：“为纪念收复隆化战斗中英勇顽强自我牺牲人民英雄董存瑞同志，特决定隆化中学改称为存瑞中学，以志永垂！”时隔不久，在隆化苔山脚下，又矗立起了一座挺拔的董存瑞纪念塔。

7月11日，中共冀察热辽区委机关报《群众日报》头版报道了“共产党员奋不顾身，董存瑞自我牺牲，使隆化战斗顺利完成”的事迹。同时刊登了冀察热辽军区司令员程子华撰写的题为“董存瑞同志永垂不朽”的纪念文章。文中写道：“我们纪念董存瑞同志，主要地要学习他英勇顽强的战斗精神与消灭敌人的坚决意志，因为没有这一点就不要想进行中国人民革命战争，更不要说是使这个战争取得胜利！”

1950年9月，在北京召开的首届全国战斗英雄、劳动模范代表大会上，追授董存瑞为“全国战斗英雄”。

1951 年的清明节，英雄的家乡怀来县第七区人民政府和所辖 26 个行政村，4100 多人聚在一起，举行了公祭烈士董存瑞大会。由怀来县县长郭洪主祭，公祭台前挂满了挽联，堆满了花圈。一个月之后，县人民政府又在烈士牺牲三周年之际，给董存瑞修建了烈士祠堂，门前立了两座石碑，左边石碑上刻的是“存瑞英雄，精神长存”，右边石碑上刻的是“万古千秋，永垂不朽”。

后来，董存瑞烈士祠堂成了怀来县的一景，前来参观、凭吊的人络绎不绝。当地政府又把董存瑞的家重新修葺，拆掉了破旧的土门，盖了一个新砖门楼，还赠刻了“百世光辉”“英风千古”两块牌匾。

1951 年 10 月，烈士的父亲董全忠披红戴花，作为军烈属的代表应邀参加了国庆两周年观礼，受到毛泽东等党和国家领导人的亲切接见。

在董存瑞的家乡，当地驻军每年春节都到董存瑞家拜年。董存瑞家迁居沙城之后，原北京军区某部通信连总机班的女兵，坚持星期天、节假日为董存瑞家做好事，被董全忠亲切地认作“女儿”。

1988年，为纪念董存瑞烈士牺牲40周年，聂荣臻元帅题词：“舍己为国，人之楷模”。

1992年6月，董存瑞生前所在部队移防吉林省延吉市。几十年来，这支英雄的部队番号和建制更改了多次，转战大江南北许多地方，但不管如何变化，董存瑞“舍身为国”的精神却一代代地传承，并发扬光大。为缅怀英烈，激励来者，部队党委决定，在驻地为英雄董存瑞立一尊塑像。当地各族群众闻讯后，奔走相告，纷纷捐款。

1993年5月25日，在董存瑞英勇牺牲45周年纪念日，部队为英雄塑像举行了隆重的落成仪式。这天，英雄所在部队的官兵全副武装，整齐地排列在塑像前，各族群众也穿上五彩缤纷的节日盛装从各地赶来。

1996年，经中央军委批准，董存瑞被列入在全军连以上单位悬挂的8个英模画像之一。

1998年，为纪念董存瑞烈士牺牲50周年，张爱萍将军题词：“为国勇捐躯，万代颂英雄”。当年与英雄董存瑞一起去炸毁敌人桥形碉堡的战友、全国战斗英雄郅顺义也赶来了。老英雄年过古稀，已是满头白发。他伫立在昔日战友的塑像前，满眼含着泪花，动情地说："我永远忘不了当时的那道火光，那个身影。"

董存瑞生前所在的六连，经过改编，早已成为某部火箭炮六连。几十年来，六连官兵学英雄、做英雄、创英雄业绩，在各个历史时期，都不辱使命，圆满完成了上级赋予的各项任务。

为褒扬先烈，教育后人，2003 年 8 月 1 日，由时任中央军委主席江泽民亲自题写馆名的"董存瑞纪念馆"，在董存瑞生前所在部队的吉林省延吉市正式落成。

2009 年 9 月 10 日，董存瑞被评为"100 位为新中国成立作出突出贡献的英雄模范人物"。

董存瑞烈士的英雄事迹，激励了一代又一代有志青年，学英雄思想，创英雄业绩，走英雄成长道路。在黄继光、邱少云、杨根思、雷锋等英雄模范的日记和言论中，都可以找到他们学习董存瑞的豪言壮语。每到"5·25"董存瑞牺牲纪念日，英雄的家乡、牺牲地及英雄生前所在部队，都会不约而同地以各种形式纪念他。

董存瑞的精神是永恒的，不朽的。它将跨越时空，照亮未来，成为我们国家、军队和我们每一个人心中永远的精神图腾。

后　记

如果董存瑞还活着，他现在也是90岁的耄耋老人了。我想他一定会在2015年的抗日战争胜利暨世界反法西斯战争胜利70周年的阅兵仪式上，与众多抗战老兵一起走过天安门，接受一个国家对英雄的最高景仰和崇敬。

如果董存瑞还活着，他一定会和那些经历无数战火硝烟最终幸存下来的战友一样，和他曾经无数次仰望星空憧憬未来生活期许的那样，深藏功与名，或继续投身军旅为建设强大的人民军队不懈奋斗，或解甲归田为建设美丽家园流尽自己最后一滴血和汗，直至最终老去变成我们常见的普通老人。也许只有等他给孩子们讲故事的时候，我们才会惊讶地发现，就是这些平凡的老者，他们用青春书写了那个时代最惊心动魄的英雄史诗和铁血传奇。

如果董存瑞还活着，看到现在有人诋毁英雄甚至侮辱英雄，他一定会拍案而起，他不光要为自己正名，还有头顶那些曾经照亮漆黑夜空的若干颗星星，那是无数逝去战友的英魂和眼睛。

其实董存瑞还一直活着……活在青铜铸就的雕像上，活在人民军队钢铁长城中。在党的领导下，人民解放军忠诚履行神圣使命，在不同时期涌现出成千上万的英雄模范人物，他们都是董存瑞等英烈的化身。

董存瑞还活着……他的故事早已化为我们民族不断开拓前进的精神基因密码，流淌在一代代人民解放军官兵的血液中，流淌在中华民族每一个人的心中。

董存瑞还活着……

董存瑞会永远活着！

编写本书的过程，也是一次接受精神洗礼的过程。我深深地感到，英雄的故事既是那么普通平凡，又是那么崇高伟大。对英雄的不断书写，得益于一代代人饱含对英雄的敬仰，在尊重史实的基础上进行不懈的挖掘和完善，尽我们的微薄之力将英雄的名字擦得更亮，让英雄在不同时代焕发他本来就有的耀眼光芒。

在编写过程中，得到军事科学院军队政治工作研究院沈志华院长、崔连杰政委的大力支持，解放军党史军史研究中心郭志刚主任、曲宝林副主任给予了具体的指导和帮助。成稿之后，还请姜铁军、翟清华、张从田、武运鄂、褚银、康月田等多位专家学者进行了审读。

《董存瑞》一书的编写，在继承前人的基础上进行了符合现代读者阅读审美习惯的调整和补充。主要参考的资料有：《董存瑞的故事》（金革、陈秋著 / 解放军文艺出版社）、中国人民解放军挂像英模丛书《董存瑞》（张国栋著 / 蓝天出版社）、读故事学英雄文学丛书《董存瑞的故事》（霍道贤编著 / 花山文艺出版社）等。

在此，谨向关心和帮助本书写作的各位领导、专家学者，以及上述书刊作者、编辑致敬！并致以深深的谢意！

编　者

2018 年 12 月

图书在版编目（CIP）数据

董存瑞 / 军事科学院解放军党史军史研究中心编写组编著. --北京：学习出版社，2019.5

（中华先烈人物故事汇）

ISBN 978-7-5147-0908-7

Ⅰ.①董…　Ⅱ.①军…　Ⅲ.①董存瑞（1929-1948）—传记　Ⅳ.①K825.2

中国版本图书馆CIP数据核字（2019）第091126号

董存瑞

Dǒng Cúnruì

军事科学院解放军党史军史研究中心编写组

责任编辑：李　琳　　封面绘画：王腾飞

技术编辑：周媛卿　聂夏菲　　内文插图：韩新维

美术编辑：杨　洪

出版发行：学习出版社

北京市东城区崇外大街11号新成文化大厦B座11层（100062）

010-66063020　010-66061634　010-66061646

网　　址：http://www.xuexiph.cn

经　　销：新华书店

印　　刷：北京盛通印刷股份有限公司

开　　本：787毫米×1092毫米　1/32

印　　张：5.75

字　　数：81千字

版次印次：2019年5月第1版　2019年5月第1次印刷

书　　号：ISBN 978-7-5147-0908-7

定　　价：22.00元